问道园林

——新时代苏州园林承传与创新研讨会论文选编

苏州太湖书院
苏州太湖智库
苏州香山法原建筑设计有限公司
联合国教科文组织亚太地区世界遗产培训与研究中心(苏州)
编

东南大学出版社
·南京·

图书在版编目(CIP)数据

问道园林：新时代苏州园林承传与创新研讨会论文选编 / 苏州太湖书院等编. -- 南京：东南大学出版社，2024.12. -- ISBN 978-7-5766-1674-3

Ⅰ. K928.73-53

中国国家版本馆CIP数据核字第2024ZE6353号

责任编辑：朱震霞　责任校对：张万莹　封面设计：王　玥　责任印制：周荣虎

问道园林——新时代苏州园林承传与创新研讨会论文选编
WENDAO YUANLIN——XINSHIDAI SUZHOU YUANLIN CHENGCHUAN YU CHUANGXIN YANTAOHUI LUNWEN XUANBIAN

| 编　　者：苏州太湖书院 |
| 苏州太湖智库 |
| 苏州香山法原建筑设计有限公司 |
| 联合国教科文组织亚太地区世界遗产培训与研究中心（苏州） |

出版发行：东南大学出版社
社　　址：南京市四牌楼2号（邮编：210096　电话：025-83793330）
出 版 人：白云飞
网　　址：http://www.seupress.com
邮　　箱：press@seupress.com
经　　销：全国各地新华书店
印　　刷：苏州市古得堡数码印刷有限公司
开　　本：787 mm×1092 mm　1/16
印　　张：12
字　　数：280千字
版　　次：2024年12月第1版
印　　次：2024年12月第1次印刷
书　　号：ISBN 978-7-5766-1674-3
定　　价：52.00元

* 本社图书若有印装质量问题，请直接与营销部联系。电话：025-83791830

序　言

苏州园林是中华优秀传统文化的综合艺术载体，更是中国建筑设计史上的一朵奇葩。苏州园林融文学、戏剧、绘画、书法、雕刻、建筑等多种艺术于一身，善于将有限的空间巧妙组合，取法自然而又超越自然，达到咫尺之内再造乾坤的艺术境界。

如何充分挖掘古代建筑设计的宝贵资源，如何将苏州园林的设计理念与设计方法运用于现代建筑设计中，塑造有情感的人居空间和人性化的诗意栖居空间，是摆在现代建筑设计师面前的难题。为了解决这些问题，近年来，苏州太湖书院连续举办了三届"新时代苏州园林承传与创新研讨会"，旨在推动苏州园林文化的创造性转化和创新性发展。

推动苏州园林的承传与创新，首先需要深入研究苏州的园林古建文化，深刻理解私家园林的设计理念、设计方法，并将其与最前沿的工程哲学相融合，这便是第一届研讨会的主题——"工程哲学与园林古建文化"。21世纪初，工程哲学在中国和欧美同时兴起，试图从根本上认识和把握人类工程活动的本质与规律。园林文化与工程哲学的碰撞，带给人们基于工程哲学思维审视现代建筑设计的新视角。

建筑设计始终离不开"为什么而设计"。如果不能很好地回答这一问题，便会出现一些缺乏整体观和可持续发展观，缺乏地域性、文化性、时代性三者和谐统一的建筑。目前现代建筑设计和城乡建设在价值取向和评价标准方面多偏重于西方，以至千城一面、千村一面，创新无力。中国的建筑设计应该具有典型的中国风貌和中国特色，彰显中华优秀传统文化的独特魅力。现代的城市建筑设计，更应当与优秀的传统设计理念、设计方法相融合，"为中国而设计，为未来而设计"，这便是第二届研讨会"苏式园林思想与中式建筑设计的融合发展"的主题所在。

然而，苏州园林的承传与创新不能仅就建筑论建筑、就园林论园林，更要放眼长远、面向未来。现代城乡的规划与建设追求生态与自然，追求人与自然、人与社会、人与人三者的和谐统一，力图将"城市中的公园"升级为"公园中的城市"。苏州园林以其独特的美学特征、人文精神、生态哲学，成为公园城市设计的参照系。正是在各地高质量推进公园城市建设这一背景下，以"美丽宜居新风尚　公园城市谱华章"为主题的第三届研讨会成功举办。

多名工程院院士和全国知名高校、科研院所的专家学者出席"新时代苏州园林承传与创新研讨会",学术交流活跃,研讨成果丰硕。经整理选编后,便有了这本论文集。

论文集精选了各领域专家、教授、学者的精彩作品,涉及工程哲学、产业发展、文化研究、"香山帮"技艺、城市建设等多领域、多学科的内容。这些作品生动、具体地呈现了苏州园林承传与创新的多种路径,积极探索了苏州园林与传统文化、建筑设计、城市更新、乡村建设等之间的关系,具有一定的理论价值和现实意义。

希望这本论文集能为园林文化的复兴发挥积极作用,能给新一代建筑设计师带来启示:立足本土,厚植传统,面向未来,更好地构筑起如园林般美好的诗意栖居空间!

中国工程院院士

2024.5

目 录

【园林文化与技艺】

中国工程哲学的发展进程和理论成果·················殷瑞钰 003
理解"美",追求"美"
　　——对苏州园林的美学理解·····················殷瑞钰 014
苏州园林与易道·····························丘亮辉　李　威 016
论苏州园林的"景境"美··························曹林娣 023
苏州园林的摄生智慧····························曹林娣 032
营建·造园·写境······························祁　斌 037
苏州园林古建营造技艺研究························钟锦德 046
留园盛景长留天地间·····························盛承懋 051

【园林发展与创新】

以苏式园林文化引领"公园城市"建设···················张锦秋 061
建筑创新思维与创作哲理·························何镜堂 063
城市规划:景观规划设计三元论······················刘滨谊 066
基于文化特征与自然条件的江南建筑空间组织模式分析··········王　静 071
江南古典园林设计的向善化思维观····················周玉明 073
基于驻点研究法的网师园多路径交汇处游人行为研究
　　·······························丁绍刚　刘雪寒　陆　攀 077
新时代苏州园林承传与创新
　　——2019工程哲学与园林古建文化主题论坛综述·······苏州太湖智库 089
关于苏州园林承传和创新的两点意见···················丘亮辉 092
保护传承苏州园林传统智慧,助力苏州建设城乡绿色一体化公园城市····施嘉泓 095
古典园林在新时代的保护传承和公园城市建设··············于　春 097
在第三届苏州园林承传与创新研讨会开幕式上的致辞···········王　翔 099

开阔视野　敢于创新　奋力构建园林绿化和林业工作新格局
　　——在"美丽宜居新风尚　公园城市谱华章"第三届新时代苏州园林承传
　　与创新研讨会上的发言……………………………………………………… 曹光树　101
从"苏州园林"走向"园林苏州"
　　——关于苏州园林群体性保护管理的实践与思考…………………………… 周祺林　104
苏州园林的保护、管理与传承 ………………………………………………… 朱海俊　108
公园＋：打造苏式生活新典范 ………………………………………………… 钱宇澄　113
高水准建设城乡绿化一体化发展的"公园城市" ……………………………… 柏灵芝　116
心象自然
　　——园林景观的传承与创新实践 …………………………………………… 李存东　120
新时代苏州园林产业发展的机遇、挑战和应对 ………………………………… 王跃程　121
新时代苏州园林创新的价值及其路径思考 …………………………………… 王跃程　125
以古为源，与时为新
　　——从悦容公园谈新时代中国园林营造法式的探索 ……………………… 贺风春　129
为美丽中国而设计　创建首个"国家生态园林城市群"的苏州实践 ………… 贺风春　139
用园林文创塑造江南文化品牌 ………………………………………………… 林小峰　152

【香山帮研究】

从传统工匠组织到开放知识社区
　　——苏州香山帮的专业化管理 ……………………………………………… 刘畅唱　161
香山帮建造艺术的文化传承与创新 …………………………………………… 陆耀祖　164
认清保护现状　扛起历史责任
　　——关于香山帮营造技艺传承发展的思考 ………………………………… 王跃程　166
苏州香山帮历史及当代园林发展案例研究 ……………………… 许建华　许昕明　170
第三届新时代苏州园林承传创新研讨会致辞 ………………………………… 王跃程　179

编后记 ……………………………………………………………………………………… 181

园林文化与技艺

中国工程哲学的发展进程和理论成果

殷瑞钰*

本文从四个方面展开论述:一是工程哲学在21世纪初的东、西方同时兴起;二是中国工程哲学的研究成果和学术特色;三是工程哲学中国学派的形成与风格;四是结语。

一、工程哲学在21世纪初的东、西方同时兴起

21世纪初,工程哲学在东、西方同时兴起,中国学者和欧美学者分别独立开创中国工程哲学和西方工程哲学。在工程哲学的开创过程中,中国工程院、英国皇家工程院等都起到重要的推动作用。

国际上工程哲学的发展进程是:2002年,中国学者李伯聪出版了《工程哲学引论——我造物故我在》;2003年,美国学者Louis L. Bucciarelli出版了 *Engineering Philosophy*(《工程的哲学》);2007年,中国学者殷瑞钰、汪应洛、李伯聪等出版了《工程哲学》;同年,Steen Hyldgaard Christensen等出版了 *Philosophy in Engineering*(《工程中的哲学》)。

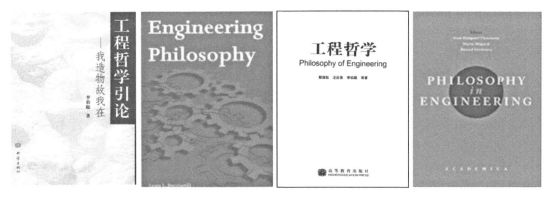

图1 2002—2007年工程哲学方面的主要著作

在欧美,2006年,美国在麻省理工学院召开了工程哲学研讨会;2006—2007年,英

---

* 作者简介:殷瑞钰,钢铁研究总院名誉院长,中国工程院院士,江苏苏州人,中国著名钢铁冶金专家,工程哲学开创者之一。

国皇家工程院举办了7次工程哲学相关研讨会;2007年,首次工程哲学国际研讨会(Workshop on Philosophy & Engineering)在荷兰召开;2008年,第二届工程哲学国际研讨会在英国召开;2010年,该研讨会更名为fPET(Forum on Philosophy, Engineering and Technology)后,又相继召开了5次国际会议(2010年美国戈登,2012年中国北京,2014年美国黑堡,2016年德国纽伦堡,2018年美国大华府地区)。自2010年开始,已形成了在偶数年份召开"国际工程哲学会议"和在奇数年份召开"国际技术哲学会议"的惯例。

与此同时,在我国,2004年1月,殷瑞钰、李伯聪、丘亮辉、赵建军联名建议成立工程哲学专业委员会。2月5日,中国自然辩证法研究会常务理事会议通过成立"中国自然辩证法研究会工程哲学专业委员会"的审议案,由殷瑞钰牵头,李伯聪、丘亮辉、赵建军等协助开展筹备工作。6月,中国工程院工程管理学部召开工程哲学研讨会,时任工程管理学部主任的殷瑞钰院士主持了该研讨会,八位院士出席。时任中国工程院院长的徐匡迪院士出席了该研讨会并发表了长篇讲话。10月,中国工程院院长徐匡迪和中国自然辩证法研究会理事长朱训当面商谈了正式成立工程哲学学术团体的事宜。12月7—8日,在中国工程院院长徐匡迪院士的提议下,中国工程院和中国自然辩证法研究会联合举办第33场工程科技论坛,主题是"工程哲学与科学发展观",同时召开了全国工程哲学首次年会,正式成立了中国自然辩证法研究会工程哲学专业委员会。

中国自然辩证法研究会工程哲学专业委员会的成立,标志着以中国工程院为代表的工程界和以中国自然辩证法研究会为代表的哲学界之间研究工程哲学的联盟关系的初步形成,是一个意义重大的开端。直至2019年,我国已召开了9次全国性学术年会。

中国工程哲学在中国工程院和中国自然辩证法研究会的组织、支持和推动下得到持续发展;中国工程院工程管理学部持续立题,并在经费和举行论坛等方面给予支持,迄今已近20年之久;中国自然辩证法研究会工程哲学专业委员会也在组织、出版和举行年会等方面给予支持。

中国工程哲学的研究促进了工程界-哲学界联盟的形成,此联盟具有很高的组织化程度,其成员具有相当的广泛性,包括工程师、工程管理者、哲学学者、企业家、管理学者、大学教师等,并成为研究队伍的主体。其出版了一系列学术专著,包括《工程哲学》(第一版——三元论,2007年)、《工程演化论》(2009年)、《工程哲学》(第二版——工程本体论,2013年)、《工程方法论》(2017年)、《工程哲学》(第三版,2018年)和《工程知识论》(2020年)。从而形成了以"五论"为理论框架的中国工程哲学理论体系。同时,在举行一系列学术会议和工程科技论坛的过程中,中国工程哲学的学术队伍逐渐形成中国特色和风格。

二、中国工程哲学的研究成果和学术特色

中国工程哲学研究思想进路是从工程活动的实践过程和生产力本质出发,对工程活

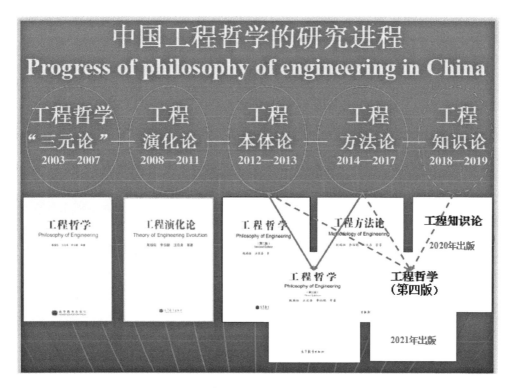

图 2　中国工程哲学的研究进程

动进行哲学高度的综合研究,而西方学者们更加侧重从具体专题出发,例如:基于工程伦理、工程设计等视角观察、分析、评价一些工程中的哲学问题,以及从技术哲学的立场观察工程问题。可见,中国学者与欧美学者研究工程哲学的出发点和思想进路是不同的,由此彰显了中国工程哲学研究的特色。

中国工程哲学发论于《工程哲学引论——我造物故我在》,讨论科学、技术、工程的特点与不同,即所谓"三元论"。该理论以工程是"造物"的观点,凸显了工程与科学、技术之间的"独立性"。2004 年以后,在建立工程界-哲学界联盟的基础上,组织化地、持续地对工程哲学开展了如下综合性研究,形成了以"五论"为框架的理论体系。

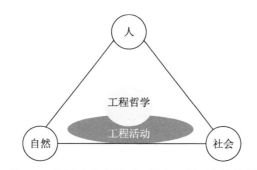

图 3　工程活动在自然-人-社会三元系中的位置

1. 工程哲学"三元论"

中国工程哲学研究在"三元论"引论的基础上,较为完整地、深入地研究了工程哲学"三元论",聚焦于工程活动的哲学问题,包括:

第一,深入研究了技术要素、技术群、过程群的集成与建构,揭示了技术集成、建构并融入工程系统的内在规律;

第二,揭示了技术要素和非技术要素(包括社会要素、经济要素、管理要素、人文要素等)之间的整合、集成、互动关系;

第三,研究分析了工程活动的全过程,以及不同的工程理念;

第四,强调形成以价值为导向的直接生产力、现实生产力是工程哲学的主要研究方向,其研究对象、知识领域和方法不同于科学哲学、技术哲学。

科学、技术、工程是三类不同属性的知识、活动,它们互相紧密关联。

图 4 科学-技术-工程"三元论"

科学、技术、工程三者又有各自的特征。

图 5 科学、技术、工程的特征

科学、技术、工程三者互相关联、交叉、融合,形成了新的知识形态。

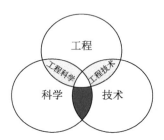

图 6 科学、技术、工程关联、交叉、融合形成的新知识形态

工程通过"集成—建构"机制将相关知识和要素转化为现实生产力,直接影响经济社会。

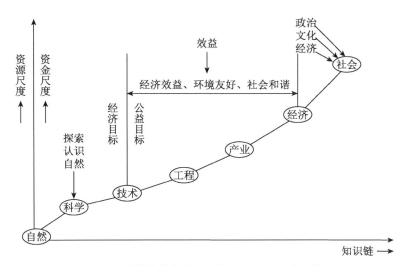

图 7　知识链的构成与资源、资金尺度扩展过程的关系

2. 工程演化论

工程演化论是中国工程哲学研究的第二步,进一步研究工程的发生本源、历史进程,特别是分析研究工程演化动力、机制和进化等问题,并导出了工程的一般性模型。

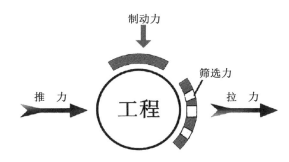

图 8　工程演化动力系统的"力学"模型示意图

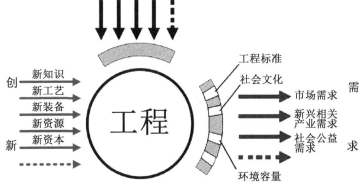

图 9　工程演化动力系统的"解析"模型

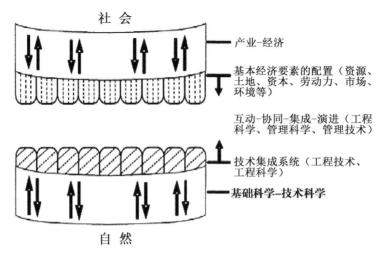

图 10　工程的内涵及其要素与集成——工程的一般性模型

3. 工程本体论

在工程一般性模型的基础上，通过对工程活动的历史本源、活动本质的研究，创造性地开展工程本体论研究。工程本体论植根于马克思主义哲学，特别是在生产力理论、历史唯物主义的指引下，明确提出工程的本根、本质是现实的、直接的生产力。工程不是基础科学推演的结果，工程不应被认为是科学的衍生品、从属物。工程本体论是工程哲学理论的核心和基本立场，并进一步从理论上夯实了"三元论"的观点。

4. 工程方法论

在工程本体论的指引下，进一步深入研究工程方法论，即以工程方法为研究对象，揭示其共性特征和应该遵循的共性规律，指出工程方法的共性规律是：对组成单元的选择，程序化、协同化整合，形成整体结构（结构化），体现功能需求（功能化），以及和谐化（包括环境、生态、社会、人文等方面）。任何工程项目都有其生命周期，这也深刻地影响了工程方法论的内容和特征。虽然工程方法论与科学方法论也有密切联系，但绝不能以科学方法论取代工程方法论，我们必须肯定工程方法论是有别于科学方法论并且与科学方法论并列的另外一个类型的方法论。

5. 工程知识论

在上述"四论"的基础上进一步探索、研究工程知识论。工程知识论揭示出对世界的存在形式而言，地球世界是物质的，而且在地球上有两种类型的物质存在形式，即客观存在的自然物理世界和人类出现后才存在的人工物世界。进而指出对应自然物理世界客观存在、客观运动规律的知识是基础科学知识，如物理学、化学、生物学等；描述人工物世界的集成、建构、转化的知识和运动规律则属于工程知识。

工程知识论归纳了工程知识的八项特征，着重指出：工程知识是构建、发展人工物世界的知识体系；工程知识既有自然属性又有经济、社会和人文属性；工程知识的来源和结

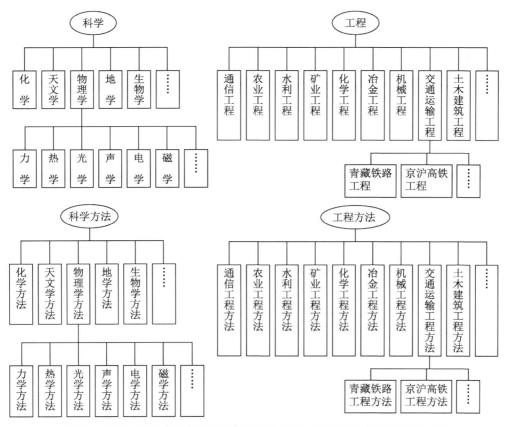

图 11　科学、工程的层次结构比较和科学方法、工程方法的层次结构比较

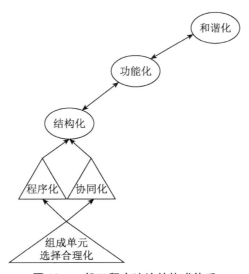

图 12　一般工程方法论的构成体系

构是多元化、多样性的;工程知识是开放的、发展的;工程知识是有价值导向的;工程知识的内涵是丰富多彩的,并且是沿着工程生命周期的过程展开的;"工程价值"和"社会和谐"

是工程知识的核心关注点；工程知识要"想"和"做"并重，"理念"与"目标"贯通，"愿景想象力"和"现实生产力"兼顾，"价值观"与"实践性"一致。

可以说：在建立工程-哲学界联盟的基础上，进行组织化的持续研究，以"五论"为框架的理论体系的建立和阐述以及一系列学术会议的举办是工程哲学中国学派已然形成的鲜明标志。中国学者们认为工程哲学是：

——面向工程实践的哲学；

——面向直接生产力、现实生产力的哲学；

——面向工程管理的哲学；

——研究工程思维的哲学。

三、工程哲学中国学派的形成与风格

工程哲学中国学派的形成有着两大基础：思想基础是马克思主义理论，特别是历史唯物主义和马克思关于生产与再生产的理论；实践基础是新中国成立以来，特别是改革开放以来，中国持续地开展了大型的、门类繁多的工程建设活动和生产经营活动，积累了丰富的实践经验，也总结了一些教训，这就为中国学者研究工程哲学提供了理论基础和实践基础。

马克思、恩格斯在《德意志意识形态》中指出："一定的生产方式或一定的工业阶段始终是与一定的共同活动方式或一定的社会阶段联系着的，而这种共同活动方式本身就是'生产力'。"马克思、恩格斯以物质生产力为切入口，强调基于物质生产所形成的生产力影响着其他生产和社会关系，提出了关于生产力、生产关系、经济基础、上层建筑的系统而深刻的理论。马克思、恩格斯在这些方面的理论深刻地指导着、影响着研究工程哲学的中国学者。

中国工程界和哲学界在研究工程哲学的过程中，相互学习、相互切磋、相互讨论、不断进取、不断提高，不断深化工程哲学的理论建设，经过十六年的艰苦探索终于提出了一个包括"工程哲学五论"（科学-技术-工程三元论、工程演化论、工程本体论、工程方法论、工程知识论），并以工程本体论为核心的理论框架和体系。

在这个通过相互学习、跨界合作进行理论创新的过程中，工程界和哲学界都有了新认识，其研究也达到了前所未有的理论高度、广度与深度。

值得一提的是，工程师、工程管理者对生产力的形成过程、形成结构、运行过程、管理过程有着特殊的直觉意识和深刻体会，他们主动加盟并与哲学家形成工程界-哲学界联盟，针对工程中的哲学问题进行持续的讨论、研究，碰撞出思想火花，形成了"哲学家要认真思考工程，工程师要学习、认识哲学"的氛围，找到了工程与哲学的"交集"，进而扩展成工程哲学"并集"，这是工程哲学中国学派形成、发展、壮大的重要原因之一。

中国形成工程界-哲学界联盟有着两大支柱、两股力量：即中国工程院及其工程管理

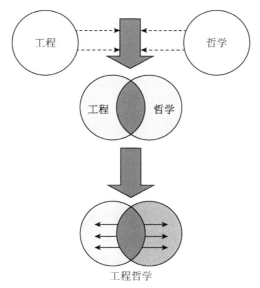

图 13　工程与哲学的"交集"与"并集"

学部和中国自然辩证法研究会及其工程哲学专业委员会。其组织成员分别包括了工程专家、工程管理家、战略科学家和哲学家、社会学者、人文学者,分别供职于制造业、能源与矿业、交通运输业、土木建筑业、航空航天业、水利业、信息通信业、国防军事工业、医药卫生业、金融业、教育业等不同领域。仅就参加"五论"撰写的成员,初步统计有中国工程院院士 20 人,哲学界、教育界学者 30 余人,工程界、企业界 30 余人。

美国学者小布鲁姆曾研究工程与哲学的"结合程度和结合方式"问题,提出可以将其划分为三种类型和阶段。

一是"工程与哲学"(Philosophy and Engineering);二是"工程中的哲学"(Philosophy in Engineering);三是"工程哲学"(Philosophy of Engineering)。

可以看出,首先是工程与哲学"初步互动、初步渗透"的类型和阶段;其次是对工程中的一些具体的哲学问题进行较为细致研究的类型和阶段;最后是对工程进行系统性、综合性研究,并将其发展为一个新的哲学分支学科的类型和阶段。

很显然,在东方,中国学派深刻地认识到工程界与哲学界必须通过"联盟"这一有效载体相互学习、相互依靠、相互促进,对工程活动进行系统性、综合性的研究,旨在开拓一个工程哲学新领域,开创一个哲学新分支,阐述工程哲学新学说。

概括地说,工程哲学中国学派发展的路径和目标是:中国工程界和哲学界跨界合作并形成牢固的学术联盟,持续地以组织化的方式对工程哲学进行以"五论"为理论框架的综合研究,聚焦于人工物世界中的直接生产力和工程思维,初步开拓一个新的学科分支,在工程哲学领域初步形成有中国特色的学术学派。

中国学派的研究风格是:以发展现实生产力、直接生产力和工程思维为中心,强调理论联系实际,深入实践调查研究,坚持理论研究和案例研究并重,以组织化研究为主导,促进学术思想持续交流和成果及时共享。

四、结语

21世纪初,工程哲学在东、西方同时兴起,中国学者和欧美学者分别独立地进行了探索、开拓,具有不同的形式、不同的过程、不同的特色,也形成了不同的风格。

工程哲学中国学派特别重视对工程活动的历史本源、本质、特征、内涵、发展规律等方面的综合研究。中国学派在工程思维方面以生产力及其实践第一性为根本立足点,强调以工程本体论为基本立场和理论核心。

中国学派开展工程哲学的研究过程,形成了工程界与哲学界的联盟,并基于组织化、持续化、系列化的学术研究,形成了以"工程-技术-科学三元论""工程演化论""工程本体论""工程方法论"和"工程知识论"五论为理论框架的学说体系,强调工程活动是人类的一项基本活动,工程活动具有独立存在的历史本源。

历史唯物地看,工程不是科学技术的衍生物,工程源于人类生存、繁衍、发展过程中生产物质资料的直接生产力。中国学派的研究进路是聚焦于人工物世界中的直接生产力和工程思维,认识到工程活动是将资源要素、知识要素和具体环境条件结合在一起集成转化为直接生产力的独特的实践活动,并对此进行持续的综合研究,旨在开拓一个新的学科分支,而不局限于对某些热点问题的讨论。

中国学派的研究风格是强调理论联系实际,深入实践,调查归纳,理论研究和案例研究并重,综合地认识工程、思考工程。以有组织、团队化的研究方式推动研究,促进学术思想的持续交流和深化,达到学术研究成果共享的目标。

总而言之,中国学派认为工程哲学是:
——面向工程实践的哲学;
——面向直接生产力、现实生产力的哲学;
——面向工程管理的哲学;
——研究工程思维的哲学。
工程哲学是哲学研究的新领域。

致谢:本文撰写过程中,傅志寰院士、李伯聪教授和尹文娟博士提出宝贵的建设性意见,作者在此表示深切的谢意。谢谢!

参考文献

[1] 李伯聪. 工程哲学引论:我造物故我在[M]. 郑州:大象出版社,2002.
[2] BUCCIARELLI L L. Engineering philosophy[M]. Delft, The Netherlands:DUP

Satellite, 2003.
[3] 殷瑞钰,汪应洛,李伯聪,等. 工程哲学[M]. 北京:高等教育出版社,2007.
[4] CHRISTENSEN S H , DELAHOUSSE B, MAGANCK M, et al. Philosophy in engineering [M]. Denmark:Academaca,2007.
[5] HARRIS C E , PRITCHARD M S, RABINS M, et al. Engineering ethics:concepts and cases[M]. 5th ed. Massachusetts:Cengage Learning,2013.
[6] MITCHAM C. Thinking through technology:the path between engineering and philosophy [M]. Chicago:University of Chicago Press,1994.
[7] 马克思,恩格斯. 德意志意识形态[M]. 中共中央马克思恩格斯列宁斯大林著作编译局,译. 北京:人民出版社,1961.

理解"美",追求"美"

——对苏州园林的美学理解

殷瑞钰

一、审美与美感

美是直观的,更是内在生发的。

美与形、体、情、景、气、韵、志有关。美往往是基于形,附于体,进而与情与景相结合,生发出优雅的气质,升华为和谐的风韵,转化为高远的志气。

美是实的,美又可以升华为虚的。对广大公众而言,美应该是实际的存在,是有实感的、有形态的,例如壮丽的山川,绚丽的霞光,宁静的庭院,优雅的身段,健壮的体魄,美妙的舞姿,悦耳的音乐,和谐的家庭,等等。而对学者、哲人、贤达而言,美不仅是实际的存在,美更应是意念、意识的存在。美是可以抽象的、升华的,从而体现在求真、求善、优雅、气韵、和谐、励志等观念、理想上。例如牛顿力学的数理表述既有求真的理想,又有高度抽象的智慧美,生物体的对称美,黄金分割的和谐美,少年儿童的天真美,助人为乐的向善美,豪言壮语的气势美,道法自然的哲理美,诗词内涵的豪放美、婉约美,志气的雄奇高远,等等。

美是历史延绵传承着的,美又是随时代而勃发新境新态的,美是永恒存在而发展着的。

二、人工园林体现的"美"

美是讲系统思维的:涉及事物的总体布局、结构、层次、时空序、动态或静态的活动和意境,追求动静皆宜、物我和谐。这种思维方式首先凸显了自然美,进而被演绎出人工美(设计美、工程美、艺术美、人文美等)。

我们不能创造自然美,但可以发现它、利用它、模仿它、感受它、集成它,进而建构出人工美。园林建筑集中了自然界中诸多的美好事物,例如山石、草地、池塘、鸣禽、游鱼、竹木、圆月等,或借用了周围环境中人工的美好事物,例如亭子、宝塔、长桥等景物,使之按照美的理念集成起来,以巧妙、合理的时空序,建构出园林来,时空交融,四时变化,动态有序,相互映衬,形成人工的结构美、层次美、意境美、和谐美;形成曲径生幽、别有洞天、四面清风、潭月静谧等美景,且景中有趣,趣中蕴志;使景物融合、情趣怡然,使人赏心悦目、心旷神怡。

这在形式上体现了设计美、艺术美、人文美,这自不待言,也体现了科学之美和工程之美。科学之美体现在整体优化、自组织涌现之美,工程之美体现在集成建构所体现的结构优化、功能优化、意境和谐之美。

园林是被设计、集成、建构出的人工物,源自自然美,却又体现了人工美。这种人工美体现在多样性、异质异构性、差异和谐性等方面,更为重要的是不同美好的事物以同一逻辑集成,又以同一逻辑来演绎美的主题,或清雅,或质朴,或意趣高洁,等等。特别是清雅,这是文人园林的设计灵魂,具有自然宁静、风韵清新、淡泊高洁、简朴大方之气韵。

不同于皇家园林的宏大壮丽、雍容华贵,江南文人园林能小中见大,以小巧玲珑凸现其清雅质朴的意趣,在有限的空间内展示一幅幅美好的图画,具有引人联想的景、境、趣、韵,尤其是假山的堆叠蕴含着胸中丘壑,蕴含意念和志向。

从工程科学的视野观察:园林设计体现整体集成优化,通过人的主观组织思想,形成天然美和人工美的自组织涌现。园林"美"体现在人工设计的系统集成美、景物和谐美、时空动态美以及人的意境高远美。可以说文人园林包容了形、体、情、景、气、韵、志等自然要素和人文要素,其中自然要素是"本",而人文要素(包括艺术要素)是"魂"。"魂"要附体于"本",呈现出灵动优雅、清新淡泊、意境高远的景致、气韵和志趣来。

江南文人园林是在有限的空间内达成物境美和心志美的融合,彰显出人文美。物芳、境雅、志高洁。蓄志、蕴志、励志,并表现为不浮、不躁、可蓄可展,淡定而清雅。静处时可蕴凝久蓄,发动时可激励、勃展,可待机而动,胸襟宽阔,气可吞山河!

江南文人园林的美,体现人工造物智慧之高妙,具有淡雅、和谐的意境,蕴涵着深邃的哲思和高洁的志向。

三、体悟与认识

美源自大自然的造化,美也是人们对大自然造化的观察、体悟的升华,美是虚实结合的,唯物而辩证。

美是真实存在的,美是可以感悟生发的,美可以是多种多样的,美是和谐向善的。

以苏州园林为代表的江南园林属于文人园林的范畴,它不同于皇家园林。苏州园林是自然美与人工美的结合,是有景有趣的,是江南景观与文人意境的交融,充满着文人意趣。从文人造园的志趣来看,造园不是单纯地营造建筑,而是一种寄志理念的体现,没有构物对造意的作用,无法表达前一句所说的"呼应"。突出文人志趣的江南园林可以:

听风,听雨,听明月,
观景,观趣,观志向。

苏州园林与易道

丘亮辉　李　威*
太湖书院　中国科学技术协会

中国传统建筑与园林建造的历史源远流长,作为东方传统文化和哲学的物质载体,其精巧的土木营构和艺术表达之中蕴含着易道精神、美学意境及生命情怀,呈现出理性与感性的交织和哲学意韵。苏州园林是中国传统建筑文化的重要组成部分,作为文人建造私家园林的集大成者,延绵数千年不断发展至今,形成了多彩的营造法式、美妙的造园艺术和神秘的易学风水术三位一体的中国营造艺术构架。是世界上唯一从远古发展到今天,没有中断的、统一完整的独立建筑体系。

新时代苏州园林全面承传与创新的发展道路是全新的课题。园林作为文化现象,一般比较重视看得见的物质文化的承传和创新,容易忽视精神文化的承传和创新。殷瑞钰院士在第一次会议上提出园林承传和创新的工程哲学问题,本次会议又提出园林美学问题,都是从现代哲学和科学观念讨论苏州园林精神层面的承传和创新问题。受到启发,本文试图从易道包括现代易学和现代风水、易道美学等方面来分析苏州园林精神文化方面的承传和创新问题。

一、易道文化是苏州园林营造的理论源泉

习近平总书记认为,如果没有中华五千年文明,哪里有什么中国特色? 如果传统文化专指儒、道、释,最多是两千五百年的文化,而纵观人类文化的历史,唯有易道是诞生于五千年以前的完整文化体系,经历原始文明、农耕文明、工业文明乃至信息文明而不衰,涉及面之广、对社会发展和人类进步影响之深都是无与伦比的。从中国传统思想和文化发展

---

* 作者简介:丘亮辉,广东大埔百侯镇人,北京科技大学教授,硕士研究生导师,中国科学技术协会的资深研究员。现任太湖书院山长、国际易学联合会荣誉会长、中国工程哲学委员会副理事长。《自然辩证法报》、《自然辩证法研究》主编,合作编著有《中国冶金简史》《技术史研究》等,1987年荣获国家科技进步三等奖和国家教科委科技进步二等奖。

李威,黑龙江虎林市人,苏州太湖书院高级研究员,《太湖春秋》副主编,国际易学联合会现代易学专业委员会理事、世界中医药学会联合会中医药文化专业委员会理事、中国智慧工程研究会理事。

变迁史来看，易道作为"五经之首""大道之源"，是传统思想文化体系的主干和原创性结构基础。它既是世界观也是方法论，影响着中国人的思维层次和行为方式，构建了传统哲学思想、文化艺术、社会伦理、政治军事、天文地理、科学技术等诸多领域的主体结构。

作为一门综合艺术，中国古典园林被公认为历史悠久、风格鲜明的独立系统之一，它之所以能保持自我独立性并长久流传，是因为它从构思设计、整体布局到细节装饰都深受易道象、数、理、占等方面的观念和哲学思想的影响。中国古典园林的营造理念完全可以用易道哲学加以阐释。我国现存较早的建筑专著是《营造法式》，作者李诫在其序言中引《周易·系辞下传》和《周易·大壮卦》为经典依据。

周易是一个有机的、完善的思想体系，其卦爻象数模式是以爻位关系的变化为基础，以据比、应、中、承、乘为原则，从时间、空间条件等方面全方位、多角度分析问题，认识事物的象数原理，体现了宇宙万物间息息相关的整体理念，是古人法象天地的媒介和认知宇宙规律的工具。象是基本的构成元素，数是这些要素的根本联系和逻辑构成；阴阳、五行、四方、四时，构成时空合一的思维模型，衍生出传统建筑环境观，古人除了利用象数原理对环境进行选择以外，还对环境进行改造，这就是中国传统建筑文化的思想精华。

易道强调天、地、人三才统一，认为人应效法天地，同时强调"圣人成能"。在"天人合一"的易道哲学理论影响下，古典园林艺术产生了一条不可动摇的原则——源于自然，崇尚自然，并且以前者为重心。明末计成所著《园冶》对文人营造园林的理论思想作了较为系统的阐述，准确地概括出"虽由人作、宛自天开"这一古代追求的造园目标和风格特点。"人作""天开"两者本是矛盾，处在对立面状态，要如何统一起来？必须符合自然法则，按照自然规律去规划，不论是园林整体的布局规划还是局部的掇山理水，都当"师法自然"。可以说，易道思想是中国古代建筑营造"法天象地"这一理念的理论依据。在方法论上，易道以风水学说的形式指导造园实践。风水是易道文化的重要组成部分，也是园林营造法式绕不过去的理念。风水文化的本质是根据自然界的形、势来确定我们建设的格、局，是实现天人合一、天人和谐的一种生态文明建设理念。

风水文化产生的背景是人类对生存、健康、愉悦、发展的需求，古代科学、技术和工程知识提供满足这种社会需求的可能，加上心理的因素、风俗的习惯和生活上尚不能解释的神秘主义。

风水文化有丰富的内涵。包括古代的周易阴阳哲学文化，天文、地理、水文、地质、中医等科学文化，以及心理文化、风俗文化、巫术文化等。现在的任务不是全盘否定或者全盘肯定风水文化，而是反对其中的巫术文化，建设现代的、科学的风水文化。建筑风水的概念要和住宅环境联系起来，而不是和财运、官运拉扯在一起，使其符合反对迷信和建设中国特色的建筑风水文化的大方向。

风和水是客观存在的、人类生存所需要的两大要素。"风水"这一概念先见于《黄帝内经·素问》，本是疾病的名称；涉及为死去的人选择墓地的"风水"概念，则先见于晋代郭璞所撰《葬书》："经曰，气乘风则散，界水则止……古人聚之使不散，行之使有止，故谓之风水。""夫阴阳之气,噫而为风,升而为云,降而为雨。"所以,风水是实实在在的客观物质,而不是虚无缥缈的主观概念。

风水的古典著作浩瀚繁杂,中国科学院自然科学史研究所的杨文衡研究员较早地从科学的角度出版了《中国的风水》一书。郭彧辑录了《四库全书》里有关风水的著作,北京大学于希贤教授挑选了十篇有代表性的古代著作,如《宅经》《葬经》等。

《葬书》的主要议题就是如何"得水(利)藏风(害)",简称为"风水"。"风水"又称"堪舆",还有"卜宅""相宅""图宅""青鸟""青囊""形法""地理""阴阳山水术"等别名。东汉许慎曰:"堪,天道也;舆,地道也。"可见"堪舆"实为"天地之道"。

许多中国传统建筑和居住环境从建筑物的方位到布局与自然景观的关系,大都是按照风水理念来"堪舆"(观天象,相地理,把握来龙去脉)的。宋代罗大经在其著作《鹤林玉露》中曾经指出:"古人建都邑,立家室,未曾不择地者。伍子胥'相土尝水,象天法地',建造阖闾大城,即今之苏州城。"古人试图通过人为地调整环境以保持人与自然的和谐,在长期的实践活动中,形成了"枕山、环水、面屏"的模式。而他们通过"觅龙、察砂、观水、点穴"等四个环节,对地质水文、生态、小气候及环境景观等详加考察,择吉建造理想居所。因山可挡风,水可取用,两者的结合处最宜居住,所以古人认为"风水之说必求山水之相向,以生地中之气"(《钦定四库全书·子部·类书类·稗编卷五十八·风水选择序》)。作为古代的一种实用技术,风水历来深受统治阶级与普通老百姓的重视,历朝国家机关均设有在风水上进行把关的官员,《大清会典》载"凡相度风水,遇大工营建,钦天监委官,相阴阳,定方位,诹吉兴工,典至重也"。制度化框架的运作使得风水思想在古代城市建筑中得到充分应用。被后世推为风水大师的郭璞曾经帮助整理过南昌城的风水格局,这里有长江巨湖为之浸,有灵岳名山为之镇,襟江带湖,控引荆越,山川灵秀,山水秀怪,形势雄伟。南界五岭,北带九江,东南水陆之会。有诗赞"南昌城郭枕江烟,章水悠悠浪拍天""前瞻叠嶂千重阻,却带惊湍万里流"。被后人奉为形势宗鼻祖的杨筠松曾指导赣州城市的选择与建设,黄庭坚也以诗赞颂赣州形胜:"章川贡川结襟带,梅岭桂岭来朝宗"。纵观古代城市建筑,大体都是顺应自然、因地制宜,因而构建了一座座形态各异的山水城市,使这些地方成为理想的人居寓所。从苏东坡的"青山在屋上,流水在屋下。中有五亩园,花竹秀而野"中便可领略他愉悦欢快的心情、浓郁的诗意与"天人合一"的境界。

二、苏州园林是易道美学的造物实践

宗白华在《美学散步》中指出《易经》包含了丰富的美学思想。他说:"《易经》有六个字:'刚健、笃实、辉光',就代表了我们民族一种很健全的美学思想。《易经》的许多卦,也富有美学的启发,对于后来艺术思想的发展很有影响。"中国古典园林营造艺术作为带有审美属性的造物工程,其所有者和建造者,往往是对易道哲学思想和中国各种传统艺术有深厚的修养和造诣的"儒生"或"仕大夫"阶层,其在此基础上创作的园林艺术,是易道美学的集中体现。

易道的完备精微,使它的美学思想深邃浩瀚。它讲求阴阳辩证,追求自然,崇尚和合,通过观物取象的美学表达形式,使中国园林营造在自然、哲学与艺术美层面达到了高度的融合。

1. 阴阳辩证之美

易道反映了古人对事物阴阳矛盾相互对待的认识。庄子在《天下》篇中说:"《易》以道阴阳。"这是对易道的阴阳辩证思维最概括的说明。阴阳之间相互对待、相互依存,并在一定条件下相互转化,在对立统一中产生无限变化,营造出动态平衡的现实世界。由此产生的如有无、虚实、繁简、刚柔、动静、曲直、大小、浓淡等古代美学范畴,都成为中国艺术思想体系中的重要概念,对后世艺术的辩证思想有所启迪。"疏密相间""虚实结合",便是易道阴阳辩证思想在园林美学中的重要体现。

万物负阴抱阳,中国古典园林中存在着诸多辩证统一的处理手法。比如说"有无相生",严家花园通过景墙划分庭院的春夏秋冬不同的空间,此时景墙为"有";当景墙上开月形敞门时,则"有中生无";透过月形敞门,远景借入,又"无中生有",形成了远近相映、由小见大的独特情境。

苏州园林讲究"半藏半露""欲显先隐",这与皇家园林的美学风格有所不同。皇家园林规模大,开门见山,一览无遗;但苏州文人园林建筑讲究含蓄,避免"一览无遗"。拙政园腰门及其外的黄山石,在园的前部形成屏障;留园入口虚实变幻、明暗交替,引人步步深入;狮子林中的卧云室本是高大的楼阁建筑,却不以威严为重,而是建在怪石林中,松柏蔽天,仅露楼之一角,平添了"深山藏古寺"的清幽。

另值得一提的是文人园林中黑白色的运用。与皇家建筑和园林的高彩度不同,黑白色是文人园林建筑装饰的主基调。苏州园林中不管是拙政园、留园还是网师园、沧浪亭,其内建筑尺度无论大小,皆为白墙黑瓦。易经《贲卦》说:"上九,白贲,无咎。"王弼《周易注》贲曰:"处饰之终,饰终反素。"这极简对立的黑与白,正可以说是易道美学最好的诠释。

2. 追求自然之美

中国人自古注重和追求自然美向社会美的过渡与转化,其根本目的在于达到人与自然的平衡统一。中国传统园林从设计营造、意境相生与境外之美,自景、意、境交融的审美,深入到"天人合一"的精神传承与人文思想,最终体现出对"易道"之境界的追求,正是计成在《园冶》一书中高度概括出的"宛自天开"的中国传统园林营造的最高审美追求。

造园活动亦可称"山水之道"。筑池堆山,在春秋战国已初见萌芽,至汉时已形成"一池三山"的模式。中国传统园林建筑长于从自然中捕捉社会伦理,抒发情怀。将园林当作沟通人与自然的桥梁,并以"法自然"为营造原则,园中有景,景中有园,达到自然景观和人为景观的统一,从而形成了中国园林的基本设计理论。尤其值得称道的是苏州古典园林采用的是内外互映的造园思想,虽小巧玲珑,但经过人工提炼和艺术化的创作,师法自然,也更高于自然,达到"天然浑成"的效果,可以说是中国园林审美的巅峰。

除了追求自然之形，中国古典园林的设计者们还追求自然之变。引入季节、天气等变化中的不同景象，营造时空交融的氛围。以季候交替所产生的园中景致变化，突出强化园林的"自然"之感，如拙政园的留听阁"留得残荷听雨声"，留园中"闻木香轩"赏秋季桂花，留园"佳晴喜雨快雪"亭看春雨冬雪。置身于有意营构的春夏秋冬之景中，便会对生生不息的宇宙和时空产生不同的体悟。

3. 崇尚中和之美

易道的特色集中表现为有机整体论的"和合"宇宙观念。"和而生物，同则不继"，"乐者，天地之'和'也；礼者，天地之'序'也。和，故万物皆化；序，故群物皆别"。用现代美学的术语来表达就是"统一""和谐""整合""有序"，这些都是形式美的基本条件。

中国建筑尺度、比例、体量等建筑形式对均衡美的追求体现了中国人"和"的意识。中国古典园林艺术不停留在对意象的模仿性再现，更重视对宇宙万物的结构、关系、功能的再现。"地以名山为之辅佐，石为之骨，川为之脉，草木为之毛皮，土为其肉"，他们不仅认为人是自然的组成部分，而且认为天地运动往往直接与人有关（天人感应），而人与自然界是密不可分的有机整体（天人合一）。代表传统文化的儒、释、道三家都把"怎样使自己的生命和宇宙万物融为一体"作为最重要的命题来研究。

中国庭院建筑类型中，宅院中，主次分明，前宅后园，既宁静又安全。民居一般不刻意追求形象上的气派和辉煌，而是寻求一种容"天时、地利、人和"为一体的气氛，一种亲和感。联锁成片的古朴院落，开合变通、自然伸展的胡同街巷，倾注了人们对自然的依恋和尊崇，展现出"天人和一"的宇宙观。这些都是苏州园林的奥妙。

4. "立象尽意"之美

《周易·系辞下传》曰："仰则观象于天，俯则观法于地，观鸟兽之文，与地之宜，……以通神明之德，以类万物之情。"《系辞》提出"设卦观象""立象尽意"的原则，古人通过对自然社会各类现象的观察，以形象思维的方式，对目标进行分析、概括、归类，从而形成某种范畴，最后用卦爻符号及文字系统进行取象比类。

易道中"立象以尽意"虽是为说明"象"与"意"的关系而提出的，却对中国古代美学（新版）和艺术产生了重要影响。刘纲纪《〈周易〉美学（新版）》指出其"首先是使中国美学把美与艺术的问题同'象'联系起来了"，并由此产生了"意象"与"意境"这两个重要的美学概念。其渗透于古代各个门类的艺术理论中，包括园林艺术。

意境作为中国古典美学的最高范畴，是各个艺术门类所追求的最高境界。叶朗在《中国美学史大纲》中说："明清园林美学的中心内容，是园林意境的创造和欣赏。中国古典美学的'意境说'，在园林艺术、园林美学中得到了独特的体现。在一定意义上可以说，'意境'的内涵，在园林艺术中的显现，比较在其他艺术门类中的显现，要更为清晰，从而也更容易把握。"可以说，易道中的象思维为中国古典园林艺术追求意境、重视景物的象征意义提供了理论根据。

三、构建当代园林营造理论

1. 时代呼唤当代园林营造理论的产生

中国建筑文化由于历史原因,其发展一度出现反复甚至停滞。长期以来,人们苦于找不到系统的中国古代建筑理论。春秋末期的《考工记》中仅有数篇有关于建筑的记载;两部历史地位显赫的建筑巨著——宋代《营造法式》和清代工部《工程做法》是官式建筑施工方面的专著;有关园林的书籍更不多见,大多数是笔记形式的记录甚至片言碎语,不显重点,不露全面,不够系统,直到明末计成著《园冶》,才算有了具代表性与完整性的古代园林学专著,因而该书备受后人尊崇。

我国古代典籍众多,为何直到明末才出现一部园林专著呢?计成在书中道:"构园无格。"意指造园易道阴阳变化无穷,没有固定不变的成法和格式。为《园冶》题词的郑元勋解释称:"造园因人、因地、因时而各有'异宜',又无既定的法则可以遵循,所以不可能有专著流传下来。"这个解释显然并不可取,构园无格,但有其道,这个道就是易道文化,也是计成能够集数千年中国园林之精粹,引典、考据、论证,形成系统性理论的原因所在。

但显然,光有《园冶》是远远不够的。在经济全球化的今天,面对全球文化融合趋势,如何保持自身传统建筑中的特有品性?传统理论与现代文明、个体价值与普世理念如何在当前的文化冲击下共融、共进?如何在现代科技浪潮下带动园林文化的发展?中国当代的园林设计及理论也迎来了机遇与挑战。

时代要求我们重新审视传统建筑理论,探索如何与现代建筑文化结合,引入唯物辩证法和工程哲学的理念,深入对中国建筑的理论研究,自觉地、有意识地、创造性地探索与发展适合当代社会的中国传统园林营造的理论。

2. 新时代苏州园林的承传和创新的发展道路

园林作为兼具实用功能和审美追求的人工造物,其建造理念具有独特性。园林工程建造者即要有实现古典园林精神追求的易道思维,又要有追求集成优化、安全高效的工程思维,同时要兼具追求想象、表达审美的艺术思维。

没有易道文化,当代园林构造理论就失去了园林精神和中国特色。古代中国的确是把建筑以及园林构造置于易道文化的系统中来经营的,并不限于阴阳五行、风水理论,而是在整个象数理占的大框架之下。中国教育界建筑学专业基本上都是以西方建筑教育为主要内容,这显然是不够的,不仅仅是园林专业,中国建筑学专业都需要在中华民族数千年生存发展历史变迁的大背景中去理解中国古典园林营造哲学,熟悉传统建筑形成发展中的物质精神文化环境和其时代哲学思想;每个时代的易学及其哲学,都是那个时代的产物,反映了该时代的精神面貌,相应的每个时期的易学和建筑都有自己的历史特点。揭示历代易学与古代建筑内在联系,使中国建筑在现代化进程中不失其本身,不至丧失中国传统建筑文化思想的精髓与神韵。

没有工程哲学的指引,当代园林理论不能够与时俱进,不能够适应当下社会发展。当代建筑技术、材料、社会、经济、文化都产生了翻天覆地的变化,对于传统建筑文化传承发展的难题,人们更倾向于一种既与时代相印合,又与传统文化相结合的建筑风格。而这种结合不是简单的叠加,而是需要提倡科学精神、科学方法、科学工具,运用工程哲学的理念,探讨运用传统园林营造理论建设当代文明的可能性,探索其途径和方法。

总之,构建新时代中国传统园林营造的理论,寻找新时代苏州园林的承传和创新的发展道路,要用现代易学文化和现代工程哲学理念实现传统园林理论的创造性转化和创新性发展。将最古老的易道哲学和最新的工程哲学理论融会贯通,这对当代园林研究者来说,是极大的考验,这还需要易学界、工程界与园林专家学者和传承人的共同努力,任重而道远!

参考文献

[1] 李诫.营造法式[M].上海:商务印书馆,1933.
[2] 计成.园冶[M].北京:中华书局,2011.
[3] 郭璞.葬书[M]//文渊阁四库全书影印本(第808册).上海:上海古籍出版社,1987.
[4] 罗大经.鹤林玉露[M].北京:中华书局,1983.
[5] 宗白华.美学散步[M].上海:上海人民出版社,1981.
[6] 刘纲纪.《周易》美学:新版[M].武汉:武汉大学出版社,2006.
[7] 叶朗.中国美学史大纲[M].上海:上海人民出版社,1985.
[8] 梁思成.中国建筑史[M].天津:百花文艺出版社,2005.

论苏州园林的"景境"美

曹林娣*

引　言

"园林"是人类心目中的"天堂",是为"精神"创造的"第二自然"。基于世界各民族不同的自然、政治、经济、文化生态,各民族心目中的"天堂"烙有深深的民族精神烙印。中国园林中流淌着的主要是农耕民族文化的血液基因,与中国山水画、京剧、烹饪并称为中国文化"四绝"。

2017年中共中央办公厅、国务院办公厅印发了《关于实施中华优秀传统文化传承发展工程的意见》,要求各地区各部门结合实际认真贯彻落实,令人鼓舞!苏州园林以宅园为主要特点,是中华居住文化的最高典范,现在又成为苏式园林的主要艺术范本,也是令人欣慰的。

明代计成称中国园林设计者为"能主之人",并且说,园林的雅俗成败是"主九匠一"而不是"三分匠七分主人"。苏州园林之所以能成为中华文化经典,是因为它是中华文化精英和香山帮国匠合作创造出来的艺术品,文化精英大多具有"三绝诗书画,一官归去来"才艺和经历,而国匠也属于"能主之人"。

"园林毕竟首先是一门艺术……园林是中国的传统,一种独有的艺术",是生活艺术化、艺术生活化的最高典范。诚如陈从周先生所说:

> 苏州园林艺术,能看懂就不容易,是经过几代人的琢磨又有很深厚的文化……

台湾大学中文系周志文教授谈写《论语讲析》时说:

---

* 作者简介:曹林娣,笔名林棣,江苏无锡人。1969年毕业于北京大学中文系古典文献专业,1982年2月在西北大学中文系(先秦两汉文学)获得文学硕士学位。苏州大学文学院教授,苏州大学艺术学院设计艺术专业中国园林文化方向博士生导师,苏州市园林局顾问,苏州风景园林学会和苏州古建学会理事,《中国园林》杂志第五届编委。日本帝塚山学院大学、台北东吴大学中文系客座教授。主要从事中国古代文学和中国园林文化的教学和研究工作。

对当今中国的忧虑不是传统消亡,而是扭曲。扭曲有时是无意,有时是有意。扭曲的祸害,比一点不剩的消亡更甚。

完全消亡了传统的人,成了另一种人,也可以简单地活着,而扭曲的人就成了不断自毁自残的人,结局可能就更为可惧了……当我们不再扭曲我们的祖先与我们自己,我们便能更自信而且毫无愧怍地面对当今的世界。

遗憾的是,近百年来,人们自觉不自觉地在借用西方的思维方式来看待我们的传统文化,这使很多人心中的传统文化失去了本来的面貌,园林也是如此,这是写本文的动因。

一、"景境"和"景观"

何谓"景境"?顾名思义,"景境"是"景"和"境"的融合。

所谓"景",也就是肉眼看得见的物质具象,在艺术作品中称"意象",是客观物象和主观情思融合一致而形成的艺术形象,偏重形态。园林中"具象"正是"外师造化,中得心源"的艺术形象。

"境",在艺术作品中称"意境",指内在层次,是指抒情性作品中呈现的那种情景交融、虚实相生、活跃着生命律动的、韵味无穷的诗意空间。"意境"是属于主观范畴的"意"与属于客观范畴的"景"二者结合的一种艺术境界。"意"是情与理的统一,"境"是形与神的统一。在两个统一过程中,情理、形神相互渗透,相互制约而形成"意境"。宗白华在《美学与意境》中这样说:

在一个艺术表现里情和景交融互渗,因而发掘出最深的情,一层比一层更深的情,同时也透入了最深的景,一层比一层更晶莹的景;景中全是情,情具象而为景,因而涌现了一个独特的宇宙,崭新的意象,为人类增加了丰富的想象,替世界开辟了新境……这是我的所谓"意境"。

王国维先生在他的《人间词话》里写道:"昔人论诗,有景语情语之别,不知一切景语皆情语也。"园林环境都是表情寄意的载体,一切景物又必然引起情感波动,景与情,情与景,二者相映相成,不可分离。

何谓"景观"?景观一词最早出现在希伯来文的《圣经》旧约全书中,含义等同于汉语的"风景""景致""景色",等同于英语的"scenery",是指一定区域呈现的景象,即视觉效果。

《中国大百科全书·地理学》(1990)概括了地理学中对景观的几种理解:① 某一区域的综合特征,包括自然、经济、文化诸方面;② 一般自然综合体;③ 区域单位,相当于综合自然区划等级系统中最小的一级自然区;④ 任何区域单位。"景观"与中国园林强调的

"景境"的观念显然大相径庭,苏州园林不是"景观"概念所能涵盖的。传承苏州园林精华,再创新,首先要沉下心来研究苏州园林,"读懂"苏州园林,不能急功近利。

二、苏州园林之"景"

关于苏州园林"景",需要研究如下问题:物质构成元素、各元素的组合原则、物质元素的艺术处理、艺术形象中蕴含的精神因素等。

园林的"景"由山水、植物、建筑等主要物质构成元素组成,这里要强调的是,"园林不是建筑的附属物,园林艺术也不是建筑艺术的内容。现在有一种说法,把园林作为建筑的附属品,这是来自国外的"。西方是将自然建筑化、几何化,而中国园林是将建筑自然化。

园林各物质元素的组合,反映了中华民族的宇宙意识。中华民族最早关心的是天人关系,而非人神关系,以农立国的中华先民,通过观察与农业生产密切相关的天象循环变化的规律来掌握季节和气候的变化。17 世纪天主教耶稣会教士初到北京,认为中国天文学在 4 000 年前就存在了。据甲骨文记载,约在公元前 1500 年,中国就有了天文观测的最早记录。所以顾炎武说中国"三代以上,人人皆知天文。'七月流火',农夫之辞也;'三星在户',妇人之语也;'月离于毕',戍卒之作也;'龙尾伏辰',儿童之谣也"。

中华先民很早就开始对宇宙的探索,产生过"盖天""宣夜""浑天"等宇宙学说,其中影响最大的是盖天说。古代宇宙论中的盖天说,即"天圆地方"说。"天圆地方"的观念,成为"艺术的宇宙图案"的园林的天然蓝本。老子曰:"人法地,地法天,天法道,道法自然。"人们依据于大地而生活劳作,繁衍生息;大地依据于上天而寒暑交替,化育万物;上天依据于大"道"而运行变化,排列时序;大"道"则依据自然之性,顺其自然而成其所以然。"象天法地"成为中国城市和园林空间布局的法则。

阴阳观念起源于何时,还需考古学做出明确的解释,但可以确定的是,春秋时期从哲学角度解读编定于周初的《周易》的《易传》的卦爻辞已经明确提出"阴阳"。住宅分阴阳,用不同材质:震阳生木,宫室之制,本以便生人;木,色青,植物生长之色,是阳气和生命的象征;石构运用于阴宅,阴冷,希望不朽、永恒,如历代帝王陵墓、纪念已故官员的祠堂门,大门做成拱形执圭门。数字分阴阳:偶数为阴,奇数为阳。阳者,三五七九,九为阳之最;《易经》六爻中,五为阳之最,九五,是最高贵的数字,这便是皇帝称"九五"之尊的原因。院落式房子,即使是王爷也只能七进,民居以三进居多,开间也如此;楼阁式佛塔层数一定为奇数。商代已形成了"五行"思想体系,遵循五行相生相克和串联万事万物两个原则。顺天而行为五行相生,五行中土德最优,色黄,因此故宫三大殿建于土字形台基之上,屋顶的琉璃瓦使用最高贵的黄色。

苏州园林基本遵循文王后天八卦,以水池为中心,环池区四方的建筑功能、植物与四季相配属,花间隐榭,水际安亭,建筑自然化,可静赏朝夕晨昏的变化,流连春夏秋冬四季景物。如网师园环池区:池东木春,建筑为射鸭廊,"春江水暖鸭先知",据说当时苏州吴县斗鸭成风,射鸭也指退隐后的闲适生活。廊前,迎春花低枝拂水,虬曲的枝头红梅俏,紫藤爬满了狮形假山,木香垂直满粉墙,春色一片烂漫。池南火夏,西南的濯缨水阁基部全用石梁柱架空,池水出没于下,水周堂下,轻巧若浮,幽静凉爽。池西金秋,"月到风来亭",亭高踞池中半岛,临池西向,架于碧水之上,明波若镜,渔矶高下,画桥迤逦,显得浩渺宽阔,涟漪荡漾,"晚色将秋至,长风送月来"!池北水冬,看松读画轩隐于后,轩前有900多年树龄的古柏,曲桥头为树龄200年的白皮松,枝干遒劲。东北冬春之交为竹外一枝轩,运用苏轼《和秦太虚梅花》"江头千树春欲暗,竹外一枝斜更好"的诗意,欣赏报春梅花的幽独娴静之态和欹曲之美,恰似冬到春的一个过渡。再比如留园环池区:东部紫藤满架,西部桂花香动万山秋,南部夏日荷花映日,北部原多植物松柏。

风水实际上就是人与自然的相处之道,风水有"山管人丁水管财"之谚。五行四象衍生出的八卦,将园林中水流入候选区域的地方称为"天门",位于八卦乾位(戌亥位、西北),是地球绕太阳公转所造成的冬至点的日出方位。流出的地方称为"地户",位于八卦的巽位(辰巳位),是地球绕太阳公转所造成的夏至点的日落方位。天门宜开,则财源滚滚;地户宜收,则财气不散。今网师园天门依旧在西北角,跨以曲桥;地户在东南巽位"槃涧",架引静桥,涧中有水闸一座,似乎水深湍急,源流不尽,实际上用水闸象征财水不外流。

"虽由人作,宛自天开"是营构园林山水、植物的原则,山川草木、云烟明晦,一任自然,曲径通幽、飞檐戗角等呈自然形态之美。园林是艺术品,物质形态也是艺术形象,饱含着"思想",如建筑造型:拙政园扇亭"与谁同坐",既有折扇原型"蝙蝠"的"福寿"之义,又有"善""扇扬仁义"之风等含义,又含园主以卖扇起家、不忘本的意义;沧浪亭陆舟水屋、拥翠山庄旱船都是"张融舟"廉洁的象征意义;看到香雪海中的梅花亭和亭顶的仙鹤,林和靖"梅妻鹤子"的形象油然而生!

三、苏州园林之"境"

苏州园林的"园境",有诗文之境、词境、曲境、画境等,识者能品之。美学家李泽厚谈到过审美三层次,即悦耳悦目、悦心悦意和悦志悦神,完全适合苏州园林的审美,审美享受取决于审美接受者的水平。陈从周先生在《说园》中有这样一段论述,发人深省:

> 中国美学,首重意境,同一意境可以不同形式之艺术手法出之。诗有诗境,词有词境,曲有曲境,画有画境,音乐有音乐境,而造园之高明者,运文学绘画音乐诸境,能以山水花木,池馆亭台组合出之,人临其境,有诗有画,各臻其妙。故"虽由人作,宛自天开",中国园林,能在世界上独树一帜者,实以诗文造园也。

苏州园林的"诗情画意"出于设计者的构思,不是建造完毕后用古人的题词、书画"包装"上去的。如拙政园,设计者将"桃花源"理想结构化:入口为两排住宅的小夹弄"得山水趣",走了好长一段才见到门,又有黄石假山当门而立,但见山有小口,入内,仿佛若有光,出山口,见小池花木,为"小胜",前行到远香堂,境界大开,见到荷风四面亭、待霜亭和雪香云蔚亭,正是海上仙山!活化了武陵渔人偶得桃花源的意境、物化了陶渊明的审美理想。

退思园山水园采用姜夔咏荷词《念奴娇·闹红一舸》上阕"幽韵冷香"的词意境:

闹红一舸,记来时,尝与鸳鸯为侣,三十六陂人未到,水佩风裳无数。翠叶吹凉,玉容消酒,更洒菰蒲雨。嫣然摇动,冷香飞上诗句。

"闹红一舸"旱船、菰蒲生凉轩、水香榭、九曲环廊环池而筑。荷花是"景""象",深藏的"情"是"出污泥而不染",情和景组成"意境",含蓄而巧妙地申诉、辩白自己的冤情。"九曲环廊"也象征着人生道路的曲折坎坷。

苏州园林琴室和唱曲的戏台,周边都会有山、水,营造高山流水遇知音的氛围,如耦园"山水间",为女主人弹琴之处,既有欧阳修"醉翁之意不在酒,在于山水之间也"的意义,又有高山流水遇知音的意境。怡园石听琴室没有山水,但在琴室窗外立双石象征山和人,在廊上建"玉虹亭",取意"落涧奔泉舞玉虹",营造了室内弹琴、室外有人听琴,高山流水遇知音的意境。

留园的闻木樨香轩、网师园的小山丛桂轩都源自闻桂香而悟禅道的禅宗公案故事,富有禅意。《罗湖野录》曾载:"黄鲁直从晦堂和尚游时,暑退凉生,秋香满院。晦堂曰:'吾无隐:闻木樨香乎?'公曰:'闻。'晦堂曰:'香乎?'尔公欣然领解。"《五灯会元》卷十七《太史黄庭坚居士》所载同此。说的是晦堂以启发弟子脱却知见与人为观念的束缚,体会自然的本真,生命的根本之道就如同木樨花香自然飘溢一样,无处不在,自然而永恒。借物明心的理趣和用语意、语言来暗示精深微妙境界的表达方式,很有山水写意味道。轩外都植桂树,花时,"桂花香动万山秋"!

综上,"景"和"境"本来是不可分的,因为"一切景语皆情语也"!苏州园林永恒的魅力,正是中华文化的魅力、中国诗文的魅力!

四、中铁建抱拙八园"景境"

当今的苏式园林,应该继承传统苏州园林的"景境"营造的基本精神,因地制宜,在传统基础上进行再创造,而不是简单"克隆"或符号搬迁,这样,才能推陈出新,创造出新时代的辉煌。

中铁建"抱拙别墅"项目就是基于这样的精神精心打造的。项目位置独特,居明嘉靖年间的拙政园之北,基于这样一个特殊位置,使其成为继承拙政园文脉的不二选择。

项目以"抱拙"立意,持守愚拙、不投机取巧,正是儒家提倡和躬行的文化精神,与拙政园之"拙"一脉相承。项目创新点多多,仅以嵌在别墅公共空间的八园为例。

嘉靖十二年（1533年），文徵明绘拙政园图咏三十一景并作记曰："既取其园中景物悉为赋之，而复为之记。"文徵明所画拙政园三十一景，被时人称为"当日之经营位置，历历眉睫"。三十一景中，不少景点标出了八卦方位。从中领悟到的明代拙政园空间组景及其大体遵循的文王八卦这一中华传统认识论，成为"抱拙"八园空间布局的重要文化依据。同时，为串联名园变迁节点，亦将历史上其他景点重加组合，并以五行相生为序，确定了八园位置及文化主题。复原的明拙政园全景图乃据今人顾凯据文氏《拙政园记》所绘。

"抱拙八园"的文学品题多采用历代文人特别是文徵明的诗文意境，以借助原有诗句的文化意象，增加历史文化的厚度和深度，以延续拙政园的历史文脉。

1. 艮（山-土-东北　【立春】）——拥书舫-虚舟载月；
2. 震（雷-木春-东　【春分】）——春风槛-曲水流觞；
3. 巽（风-木春-东南【立夏】）——水竹居-湘筠听雨；
4. 离（火-火-南　　【夏至】）——繁香坞-淑气薰香；
5. 坤（地-土-西南　【立秋】）——芙蓉隈-林塘泛红；
6. 兑（泽-金-西　　【秋分】）——栖凤庭-碧梧栖凤；
7. 乾（天-金-西北　【立冬】）——梅影园-水华涵碧；
8. 中（己戊土）　　　　　　——米友亭-米芾拜石。

艮位为坎宅文昌位，故恢复园史上曾有的"书园"中"拥书阁"意境，命名船舫式建筑为拥书舫，船头悬"虚舟载月"匾额。"虚舟"原为"复园"一景，典出《庄子》，比喻人如一叶空舟，随波而动，虚怀若谷，放空自我，忘却自我，舟随波动，也即心向大道，天人合一。"虚舟载月"亦是清人描写复园"虚舟"在月光中的意境："虚窗面面敞玲珑，浮家池北莲东。牵船住岸白花中，可逊张融。不系舟宜载月，莫愁艇漫摇风。坐来人恰两三同，忆采芙蓉"。配以"启闭竞穿蒋栩径，入室还住张融舟"对联，用蒋栩径、张融舟的典故，凸显文人清雅廉洁的高尚品格。园北高处假山石有一六角亭，名"吟诗亭"，对联"满襟和气春如海，万丈文澜月在天"，寓意家里充满了祥和之气、好文之风。园东曲廊则用唐代诗人李贺"觅诗"的故事，名为"觅诗廊"，对联"胸藏万汇凭吞吐，笔有千钧任翕张"，颂扬劝学文化。拥书舫周边用芸香草为点景植物，"书香"指的就是芸草香。园内各亭廊建筑的匾额都用册页及书卷形，花窗则用文人风雅象征的琴棋书画和折扇书条等纹样，强化读书氛围。另外觅诗廊内墙面设"鲤鱼跳龙门"墙雕，以激励学习。

"春风槛"位于东震木春位，以原复园十景之一"春风槛"为主题，选择玉兰为万木兴盛的春天象征，堂用玉兰别名"笔花"，取五代王仁裕《开元天宝遗事·梦笔头生花》的典故："李太白少时，梦所用之笔头上生花，后天才赡逸，名闻天下。"以文徵明《咏玉兰》"影落空阶初月冷，香生别院晚风微"为联。于堂前置玉兰地雕，东侧种紫玉兰，西侧种金桂，象征金玉满堂。该区有曲尺形水池，构成九曲流觞水，营构文人春游雅玩的"曲水流觞"景境。

为强化意境,廊东的小亭名为"小兰亭",亭上对联集王羲之《兰亭集序》:"怀若竹虚临曲水,气同兰静在春风。"小兰亭内墙作"曲水流觞"墙雕,强化了文人雅玩的意境氛围。坐北朝南的小亭名"探春",从清查元偁《复园十咏·春风槛》"探春曾到阆风游,星桥月槛勾留"中拈出。亭上对联"谢家池塘生春草,陶宅园柳变鸣禽",联系到谢灵运、陶渊明两位文化名人,以增添文化含量和文人品位。

"水竹居"位于东南巽木春位,有玉泉、湘筼坞、竹涧、筼谷、槐幄、槐雨亭等,而"湘筼听雨"承明时拙政园"潇湘一角"之意境。主体建筑将王献臣的"槐雨亭"改为"槐堂",高槐流芳,荫佑世代,彰显槐堂的深层文化含义。槐堂西侧以龙爪槐为主景植物,展现了三十一景中槐幄一景:"古槐如帷,蟠屈如翠蛟,阴覆数弓。"园中连廊称"湘筼",源于文徵明三十一景图咏《湘筼坞》,廊周围辅以紫竹、凤尾竹和石笋造景,并复原拙政园三十一景"竹涧"一景。廊东一亭名"玉泉",以文徵明《玉泉亭》中"修绠和云汲,瓶沙带月烹"句为联,带着长绳和着云气汲取泉中水,沙罐中盛满泉水,在月色下烹煮。"水竹居"基本还原了明嘉靖拙政园面貌。

周边的宅园还有兰畹、芳馨庭、蘅芷院和春先堂,文学品题都以楚辞香草和春意为内涵,如吐馥、筼心、芝田、芳鬘、洁潦等,人文植物多竹及香草,取其高洁意境,突出春意阑珊。

"繁香坞"位于南离火位,为文徵明三十一景之一,恢复《繁香坞》诗意境:"春光烂漫千机锦,淑气熏蒸百和香。"主体建筑"香远益清轩"出自周敦颐《爱莲说》,意为荷花香气远播更加清香,其中荷花即是圣洁的象征。集文徵明《繁香坞》"自爱芳菲满怀袖,不教风露湿衣裳"诗句为联。园为旱园水做,庭中水纹,立石摩崖"瀛壶"。园西侧一入口门亭名"倚秀",因拙政园东部"归田园居"中亭而得名。对联集自查元偁《复园十咏·远香堂》"遥挹岚光开画,静参花气通禅"诗句,呼应略带禅意、旱园水做的景点意境。坐东朝西的轩名"西爽",用《世说新语》王子猷的典故,言人性格疏傲,不善奉迎,与对联"子猷挂西爽笏板,虞舜作南薰琴歌"相得益彰。园中花窗以夏天的栀子花、荷花、石榴、蔓草、葫芦等为纹样,对联取蕉叶联式样,含蕉叶题诗的雅意,配以石榴、紫薇、绣球、栀子花等植物,营造浓浓的夏天气息。

"芙蓉隈"为文徵明拙政园三十一景之一,位于西南土坤位。今为小区主入口,故门外设照壁,门内直面住宅园墙,园墙前设计了略呈半圆状的自然式风水池,又以住宅园墙的白壁为纸,芙蓉花木、叠石为绘,叠石摩崖"林塘浥红",白壁右侧摹刻文徵明《拙政园图咏·芙蓉隈》:"芙蓉隈在坤隅,临水。林塘秋晚思寥寥,雨浥红渠淡玉标。出水最怜新句好,涉江无奈美人遥。""芙蓉隈"进门双侧建南北两廊,南廊东端头一小亭名"芙蓉",并辅之以"芙蓉"地雕。草书联"晓吐芳心零宿露,晚摇娇影媚清风",木芙蓉摇曳多姿,清香淡雅,非常令人垂爱,以此烘托出明拙政园"芙蓉隈"的意境。北侧廊东亦有一小亭,取名"待霜",复原了当年位于坤位的"待霜亭",加上吴人陆绩怀橘地雕。

"栖凤庭"位于西金兑位,梧桐为秋天物候,梧桐又是韶雅圣洁之树,原拙政园有梧竹亭,而今有梧竹幽居亭。凤,古代比喻有圣德的人,《诗经·大雅·卷阿》:"凤凰鸣矣,于彼高冈;梧桐生矣,于彼朝阳。"凤凰之性,非梧桐不栖,非竹实不食。梧桐召凤凰,"栖凤庭·碧梧栖凤"点明主题,比喻有圣德之人在此居住。园北侧水榭名"凤安梧",表示凤凰栖息在碧绿的梧桐树上。对联"九苞天性应灵瑞,五色羽纹成文章",以凤凰有九种天性应验吉祥,五彩羽翼缤纷成章,寓意此处为风水宝地。水名"秋水",典出《庄子》。临水步廊北端设有小亭,名"鸾翔",鸾为传说中的凤类神鸟、瑞鸟,"有圣君则来,无德则去",对联"鸾翔凤翥众仙下,珊瑚碧树交枝柯"。亭内墙雕,以传统文人的风雅符号"陶渊明爱菊"为主题。园中部临水亭名"凤影",即梧桐树的影子,因凤凰非梧桐不栖,故称"凤影"。集王安石《孤桐》诗"凌霄冲天不屈己,得地汲水本虚心"为联,颂梧桐树正直伟岸、中间虚心的品格与节操,暗喻园主人的高尚德行。

"梅影园"位于西北金乾位,拙政园北部曾有瑶圃、梅园,壁上题词"半窗梅影",故以蜡梅、红梅为主景植物,作阳退阴生的象征以合主题。同时,乾位为"天门"所在,明有"水华池",也是沧浪池的水口。故于该园入口处设小水池,立石摩崖"水华涵碧",取意文徵明《水华池》"方池涵碧落,菡萏在中洲"诗境。园南侧的院墙上刻明唐寅《梅花图》及诗,唐图绘折枝墨梅,梅枝曲折向上,花朵随枝点染,画幅留大面积的空白,用潇洒飘逸的行书自题七言诗:"黄金布地梵王家,白压成林腊后花,对酒不妨还弄墨,一枝清影写横斜。"抒发一股清高逸气。

"米友亭"位于中部"己戊土"。《物理论》:"土精为石。石,气之核也。"宋书画家米芾"衣冠唐制度,人物晋风流",嗜石如癫,明代王心一《归田园居》中峰石之名"米友",故此园名亭"米友",其意为米芾所拜之石的朋友。集陆游诗"花如解语应多事,石不能言最可人"为联,传达了拜石的原因。摩崖和地雕都以"米芾拜石"为内容。水池摩崖"涟水",也用米芾守涟二年的故事。据《宋稗类钞》记述,米芾为了得灵璧石,便请求到涟水做官,到涟水后,收藏奇石、赋诗赏玩,忘乎所以。上司杨次公为察史,便来规劝,结果被米芾感染,一起玩起了石头。

总之,"抱拙"八园中的建筑、山水、植物,都浸润在传统文化和诗文之中,穿行其间,仿佛能闻到传统诗文的馨香。

结　语

张岱年先生强调:"一个民族立足于世界,必须具有民族的自尊心与自信心,才能具有独立的意识。而民族的自尊心与自信心的基础是对于本民族文化的优秀传统有一定的了解。"如果对传统文化缺乏认识,仿佛怀揣珠宝却沿街乞讨,这使国人在面对文化传统时缺乏自尊和自信。

梁思成先生在批评欧美设计人对于我国建筑之缺乏了解"仅以洋房而冠以中式屋顶而已"的同时,称道"欧美建筑师之在华者已渐着意我国固有建筑之美德,而开始以中国建筑之部分应用于近代建筑",特别提到燕京大学的建筑师亨利·墨菲(Murphy)"颇能表现我国建筑之特征"。

孙中山陵墓于山坡以石级为前导,以达墓堂,墓堂前为祭堂,后为墓室。祭堂四角挟以石墩,屋顶及门部为中式传统建筑样式;其后墓室上做圆顶,为纯西式风格。故"中山陵虽西式成分较重,然实为近代国人设计以古代式样应用于新建筑之嚆矢,适足以象征我民族复兴之始也"!

当今新园林的营构,应该以中华文化为主色调,吸收异质文化元素,并结合时代发展予以创新,唯有如此,才能复兴中华居住文化的精华,汇集成中华民族生生不息的生命之流。

参考文献

[1] 钱学森.园林艺术是我国创立的独特艺术部门[J].城市规划,1984,8(1):23-25.
[2] 宗白华.美学与意境[M].北京:人民出版社,1987:211.
[3] 顾炎武.日知录:卷三十[M].影印本.上海:上海古籍出版社,2012.
[4] 陈从周.品园[M].南京:江苏凤凰文艺出版社,2016:49.
[5] 文徵明.王氏拙政园记[M]//文徵明.文徵明集补辑:卷二十.上海:上海古籍出版社,2014.
[6] 苏州市园林和绿化管理局.拙政园志[M].上海:文汇出版社,2012:170.
[7] 顾凯.明代江南园林研究[M].南京:东南大学出版社,2010:76.
[8] 查元偁.复园十咏·虚舟[M]//苏州市园林和绿化管理局.拙政园志.上海:文汇出版社,2012:170.
[9] 杨泉.物理论[M].北京:中华书局,1985.

苏州园林的摄生智慧

曹林娣

园林营构的是各民族理想的人居天堂。苏州园林体现了中华民族文化精英累积的摄生智慧。本文主要从生态疗养、艺境浸润、艺术滋养三方面来论述这个命题。

一、生态疗养

取天地之美以养其身,大自然本身永远是一所疗养院,人乃万物之灵长,天人合一,与天地共沐清辉,表现了广义深层的生态学思想。

苏州园林在明代中叶以前,大多选址在湖滨、山麓。今天的东山启园、渔庄等都是著名的滨湖园、湖中园,灵岩山麓的木渎虹饮山房等以及天平山麓的天平山庄等都是山麓园,享受着湖光山色共一楼的惬意。

苏州园林建筑都普遍采用"茅茨土阶"土木结构,为世界原生型建筑文化之一。早在南北朝时期,中华先人已经明确指出,建上栋下宇的房屋就是为了便于人们生存的。中华先人认为,世界万物都是由金木水火土五种物质构成,即"五行",这五种物质之间具有相生与相克的关系,并与万事万物如四季、四方、色彩等相关联。因为"木"在五行中对应的是东方,色青,是太阳升起的地方,象征着生机勃勃的春天,生命力最旺盛、阳气最充足、亲和力最强,所以要用土木作为建筑材料。

苏州园林通过如浮翠阁、撷秀楼、四面厅及坐观万景得天全的亭子等,借助远借、近借、邻借、透景、漏景等各式借景模式,与自然同呼吸。

苏州园林建筑室内天花椽子普遍做成茶壶挡轩、弓形轩、一支香轩、船篷轩、菱角轩、鹤胫轩等式,高低错落,主次分明,稳定和收拢了室内气场,使室内通透明亮,冬暖夏凉。

苏州建在城内的园林,被称为"城市山林",也都深隐在小巷深处,如苏州的曲园、鹤园、听枫园三园处在前后两小巷。有的在城隅,如城东耦园,东西北三面围水,如青龙围绕。门南是河(朱雀),北面是楼(玄武),右边是大路(白虎)。构成了理想的"四象"环境模式:前池(朱雀)、后楼(玄武)、左河(青龙)、右路(白虎)等环境要素和相对方位。

苏州园林深谙五行色彩与人体五脏的关系,如坎水为黑色,对应肾;木为青色,对应肝胆;离火为红色,对应心脏;兑金为白色,对应肺;中土为黄色,对应脾。苏州园林大抵以水池为中心，建筑皆环池而筑，同时配植相关的植物。中华讲究阴阳调于四时，一年无日不看花。植物，被称为廉价的氧气"制造厂"、天然的"滤尘器"、绿色空气"清新剂"、天然"药材厂"、"空气维生素"……如拙政园，冬赏雪香云蔚亭梅花，夏赏荷花，秋有待霜亭橘子，春游海棠春坞。

典范的园林如网师园中部山水园，严格遵循五行相生原则，顺天而行：东木春，射鸭廊、紫藤、木香；南火夏，濯缨水阁；西金秋，月到风来亭；北水冬，看松读画轩、古柏、白皮松；东北则冬春之交，竹外一枝斜更好（梅花）。

园林注重的"风水"，国外称之为"宇宙生态学"：自然界的风是元气和场能，水是流动和变化，是一种研究环境与宇宙规律的哲学，人是自然的一部分，自然也是人的一部分，达到"天地与我并生，而万物与我为一"，达到"天人合一"的境界。如园林水池中水的流向从天门（西北，乾位）向地户（东南，巽位），实际上，文王八卦中的"乾位"，是地球绕太阳公转所造成的冬至点的日出方位，地户巽位，是地球绕太阳公转所造成的夏至点的日落方位，同样是"天人合一"的体现，也符合中国西北高、东南低的地形特点。

总之，苏州园林营造出"居尘而出尘"的生态艺术空间，开启了心灵与自然对话的窗户："俯水鸣琴游鱼出听；临流枕石化蝶忘机"，面对溪水抚琴弹弦，引来游鱼出听；临靠着流水，以石为枕，像庄子一样梦见自己化成蝴蝶，忘却了一切凡俗的巧诈之心，自由恬淡。人与自然的融合达到入化境界。

二、艺境浸润

苏州园林是地上文章，诗境、禅境、仙境，举目入画的画境，雅化净化的艺术化环境。能够愉悦心志，让心灵沉浸在美的甘露之中，获得净化了的美的陶冶，属于心理疗法范畴。

词境美的陶冶：退思园，取《左传》进思尽忠、退思补过之意。山水园采用姜夔咏荷词"幽韵冷香"的意境，既为疗伤的一味良药，又以"出污泥而不染"的荷花意象巧妙地洗刷自己的冤情。

姜夔《念奴娇·闹红一舸》词境成为山水园中三个主要建筑的灵魂："闹红一舸"旱船、"翠叶吹凉，玉容销酒，更洒菰蒲雨"的"菰蒲生凉"轩和"嫣然摇动，冷香飞上诗句"的"水香榭"。

仙境美的发现：原拙政园入口形象地再现了武陵渔人找到桃花源的过程。从两排住宅的小夹弄"得山水趣"进入，走了好长一段路方见到门，又有黄石假山当门而立，但见山有小口，入内黑暗一片，摸索前行，仿佛若有光，出山口，见小池花木，为"小胜"，前行到远香堂，境界大开，见到荷风四面亭、雪香云蔚亭和待霜亭，正是海上仙山！活化了武陵渔人偶得桃花源的意境，物化了陶渊明的审美理想。

禅境美的体悟：如苏州无隐山房、闻木樨香轩、小山丛桂轩等园林及景点，都取自闻桂香而悟禅道的禅宗公案故事。《罗湖野录》曾载："黄鲁直从晦堂和尚游时，暑退凉生，秋香满院。晦堂曰：'吾无隐：闻木樨香乎？'公曰：'闻。'晦堂曰：'香乎？'尔公欣然领解。"说的是晦堂以启发弟子脱却知见与人为观念的束缚，体会自然的本真，生命的根本之道就如同木樨花香自然飘溢一样，无处不在，自然而永恒。借物明心的理趣和用语意语言来暗示精深微妙境界的表达方式，很有山水写意味道。景点都植桂树，花时"桂花香动万山秋"！

画境美的浸润：运用各式借景，如镜借、远借、近借等，套进窗框、花窗、洞窗、洞门，组成一幅幅美丽的画。邻借如马（远）一角、夏（圭）半边的宋画。四面厅则四面有山皆入画；墙壁留白，迎接光影，无画处皆是画；以白壁当纸、花木为绘的峭壁山，贴在斑驳的粉墙上，俨然佳山。如网师园琴室之峭壁山，山周数竿紫竹，摇曳生姿，山石缝隙中点缀着书带草，俨如竹石图。拙政园海棠春坞庭院，于南面院墙嵌以山石，植慈孝竹，书卷形的"海棠春坞"题款，宛然立体画。网师园园中池东靠住宅一面是一壁高高的白粉墙，墙下池边叠置狮形假山，爬着紫藤、薜荔等藤类植物，从"月到风来亭"往东看，完全成了一幅生机盎然的山石图，书带草的点苔作用也不能忽视。

园林中，浓浓地氤氲着文气的熏染，如书条石、室内韵物、盆景、大理石挂屏、书画以及家具"屋肚肠"等文化含量很高的陈设。裙板上的历代文人风雅题材的木刻，如王羲之爱鹅、陶潜爱菊、林逋爱梅、李白醉酒、苏轼爱砚、倪瓒洗桐等，无不萦绕着浓厚的文化氛围。

三、艺术滋养

从生活的烟火里寻找诗意，滋养人生，那就是生活化的艺术，而正如美学家朱光潜《谈美感教育》引西方人的恒言："艺术是解放的，给人自由的。"晚清朴学大师俞樾有副对联："门外客来时载酒，床头书满又眠琴。"琴棋书画诗酒茶，雅藏、雅赏、雅集，使心灵获得艺术的滋养！

1. 书卷养性命

清代苏州状元陆润庠有副名联，上联说："读书取正、读易取变，读骚取幽，读庄取达，读汉文取坚，最有味卷中岁月。"读《尚书》《易经》《离骚》《庄子》《汉书》，最具味道的是潜心在书中的时光，用"正""变""幽""达""坚"五字概括了五书的精髓。

书籍为养心之资，西汉文学家刘向说："书犹药也，善读之可以医愚。"文掞《病中杂诗（其二）》更直言"病亦不迎医，书卷养性命"，陆游70岁以后的"却老方"是"蝇头细字夜抄书"和"病须书卷作良医"。

现代脑科学的研究表明，人的左脑具有语言、分析、抽象思维能力，是收敛性的因果式思维方式；人的右脑具有非语言、综合、形象思维的功能，是发散式的非因果式的思考方式。而大脑中的胼胝体以极快速度在两个半球之间传递信息，它们都是形象思维和抽象思维、发散思维和收敛思维与灵感的综合效应。多读多写，不仅能有效锻炼左右两半脑，而且能强化大脑的协调综合能力。

读书之时，寂然凝虑，思接千载，悄然动容，视通万里，能够全面激发心智，使大脑在恒动中保持机敏与活力,延缓中枢神经老化,带动血液循环,协调和控制全身功能,实现健康长寿,此谓书香赛过药香。所以曾国藩说:"书味深者,面自粹润。"如耦园园主沈秉成夫妇在书房织帘老屋,坐对青山读异书,林下得句;在藏书楼鲽砚庐焚香著书,著有《鲽砚庐诗抄》《鲽砚庐联吟集》等。

寿从笔端来。书法是一种脑体并用的体育运动。古人云,"力发乎腰""务使通身之力奔赴腕下",书写者绝虑凝神,心正气和,身安意闲,血脉通畅。练习书法被比喻为"练气功",具有生理和心理保健作用。不同书体有不同养生功效,有人把这些作用总结成四句话:

> 洗笔调墨四体松,预想字形神思凝。
> 神气贯注全息动,赏心悦目乐无穷。

2. 东山丝竹

陶情于音乐,或粉墨登场直接演唱,也是养生手段。留园有戏台,现在还有"东山丝竹"门额,指在淝水之战中"高卧东山四十年,一堂丝竹败苻坚"的东晋政治家、军事家谢安。谢安在做官之前曾在东山(今浙江上虞南)隐居。朝廷几次召用,他都不去就职,只是成天游山玩水。每次游玩,他都要命随从带上乐器,走到哪里,音乐丝竹之声就响到哪里。因此,人们把他带着乐器游玩的事,叫作"东山丝竹"。

网师园"琴室"、耦园"山水间"、拙政园十八曼陀罗花馆和卅六鸳鸯馆是园主听昆曲的四轩相连的满轩,那里面对高山流水,曾经飘扬出琴韵书声。

3. 雅集文会

人类除了生活的基本需求,还需要自我肯定,体现自我的价值与自身存在,即需要雅集。研究证明,社交性比生产、体育性养生更有益。社交能力较强者在遇到健康问题时的康复和生存的概率比普通人高出50%。

中国古代文人看不起那些"不解文字饮,惟能醉红裙"的粗俗之徒,"否则珠帘画栋徒酒肉场耳,曷足尚哉"!

园林中文人游园方式是"文字饮"和"竹林宴"。东晋王羲之等名士的兰亭觞咏、宋西园雅集引领了数千年文酒之会的风尚。

留园"曲溪"、归田园居曲水绕岛,曾举行过"曲水流觞",文人坐危石,荫乔柯,涉前贤之故墅,逢佳日以娱宾,致足乐焉!耦园"诗酒联欢"门楼也与曲水流觞有关,耦园"载酒堂"、艺圃"博雅堂",都是载酒、问字文人雅集之所。

历史上,元顾瑛玉山草堂荟萃所得诗歌曰《草堂雅集》、明沈周的祖父沈孟渊的"西庄雅集"、清沈复萧爽楼集等,都记载文人雅集的盛况。园林足清赏,他们相与燕笑咏歌,竹下布棋枰,松间置琴荐,临池挥彩毫,接席披黄卷。深论今古情,高骋天人辩。

雅集时,以书画为友,各人拿出古图书器物,摩抚品题,酬对终日不厌。萧爽楼有四忌：官宦升迁，公廨俗事，"八股时文"，看牌掷骰，有犯必罚酒五斤。如今留存有仇英的《竹院品古图》、文徵明的《惠山茶会图》，皆可反映"雅集品古"；沧浪亭墙壁上刻有《沧浪五老图》，依稀可见当时文士雅集的概况。

苏州鹤园是雅集十分频繁的园林，鹤园开展的活动有词集、诗钟、诗谜之戏、曲会、春节团拜活动五种，平均每月有五六次。南半园又有隐社、半园女诗社、女学研会等吟咏集会。

1886年，易顺鼎与郑文焯、张祥龄、蒋次香等创立吴社联吟。

1919年，怡园园主顾文彬为弘扬琴文化，与琴家叶璋伯、吴浸阳等人特邀上海、扬州、重庆、湖南等地琴人30余人，相聚怡园举行琴会。

怡园主人过云楼主顾文彬是真率会的积极参与者，且策划与导演了真率会成员们的集体画像，就是那幅《吴郡真率会图》。

小　结

珍重生命、尊重养生科学，精神和物质并重，这是中国最优越、最聪慧的哲人累积的生活科学。

最后，我想用南朝谢灵运《石壁精舍还湖中作》诗作结：

　　寄言摄生客，试用此道推。

营建·造园·写境

祁 斌

清华大学建筑设计研究院有限公司

建筑与园林都是创造生活美的艺术,对建筑和园林的欣赏离不开审美价值观及美学思想。传统审美观构成了中国传统哲学中一种十分重要的思想体系,对中国建筑和园林的发展产生过十分重要的影响,在当下仍然具有十分重要的影响力。

> 无论庄、易、禅(或儒、道、禅),中国哲学的趋向和顶峰不是宗教,而是美学。中国哲学思想的道路不是由认识、道德到宗教,而是由它们到审美。
> ——李泽厚《中国古代思想史论》

中国传统建筑审美受儒家美学、道家美学、禅宗美学三者相互交融渗透的影响,形成十分独特、悠久的东方审美观,儒道互补、庄禅相通。建筑审美与艺术审美有相似之处,其审美原则与艺术美学的一些基本审美原则十分相近,建筑具备更加现实的属性,在审美层面表现为功能审美与精神审美的结合。

一、西方美学的形式根基:几何论

西方传统建筑在美学思想的影响下,一直遵循逻辑清晰、整齐一律、符合规律的形式审美法则,故而在建筑风格上多体现出其超越自然、驾驭自然的"人工美",在建筑上突出表现出强烈的几何逻辑和结构逻辑。这同中国传统建筑审美中强调与自然的融合之美有所不同,具有鲜明的对照性。

"和谐"最早是由古希腊毕达哥拉斯学派提出的一个主要的美学观点。其核心即所谓美即比例,和谐本质上就是一种特定的比例关系。而"主观和谐"则是由人的视觉、听觉特性所决定的一种动态的比例关系,这一原则开启了西方美学的主观主义传统,并贯穿始终。

古典时代的希腊艺术家、思想家普遍致力于从对象事物的客观属性中寻求美与和谐的本质,将美与和谐解释为客体的一种形式原则,如数量、比例、对称等。塔塔科维兹指出:"在古希腊,主要的美学理论认为美由各部分间的比例构成,准确地说是由各部分之间的比例和安排构成,准确地说是由各部分之间的大小、对等、数量及它们之间的相互关系构成。"

西方建筑和艺术在很长时间之内都在追求一种极致的比例与美感,融入人体比例、数学逻辑等方面因素,寻求在主观上"数"的比例关系上找到真正的美感。而这种美学特征的发展在古埃及、古希腊、文艺复兴、近现代等不同的历史阶段都取得了辉煌的成就,也直接影响了科学进步、教育事业的发展。

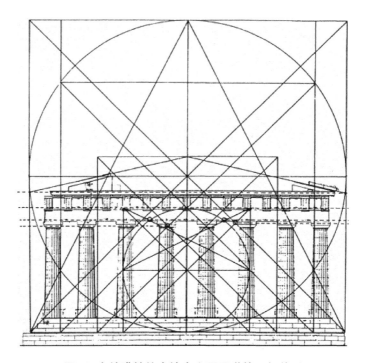

图1　古希腊帕特农神庙立面严谨的几何关系

二、东方审美的核心价值观:自然论-天人合一论

> 夫大人者,与天地合其德,与日月合其明,与四时合其序,与鬼神合其吉凶。先天下而天弗违,后天而奉天时。
>
> ——《周易·乾卦》

对自然的崇拜是中国古代乃至整个东方哲学体系的一个根基。

"宇宙即吾心,吾心即宇宙。"中国人的这种宇宙观就是天与人合而为一,物质与精神同流,万物生命运行其中,人生与自然互为感通,人们这种敬畏上天,顺服自然,祈求风调雨顺,从而与自然谐调并存的人生伦理,孕育了中国古典文化的"天人合一"的自然观念。

崇尚自然、喜爱自然自古亘有。中国古人们早就提出万事需"天时、地利、人和"协调统一的思想。古人以自身融入真山真水的大自然为最高审美境界,历代中国绘画、诗歌等艺术作品也多见极尽所能表达对自然的崇拜与敬仰。庄子曰:"天地有大美而不言。"老子曰:"人法地,地法天,天法道,道法自然。"这种哲学思想对中国古建筑及园林的设计营建影响深远。

在这种美学思想的影响下,人们在处理建筑与自然环境的关系时不是持着与自然对立的态度,不是用建筑去控制自然环境;相反,中国古人更多保持与自然亲和的态度,从而形成建筑和谐于自然环境的理念。那些建置在城市以外的山水风景地带的佛寺、道观、别业、山村聚落都十分重视与环境的融合,不仅为了满足各自因地制宜建设的需要,还在于发挥建筑群体空间组织的灵活性,因山就势融入山水地貌,谐调建筑与自然环境,成就了中国建筑、绘画相同的点染大地风景,并且使其凝练生动、臻于画境的"风景建筑"审美观,表达出中国传统建筑与自然关系的处理上所体现的独特的相融意识。

图2 中国园林的审美核心——文学意境

三、中国传统审美之建筑与园林

中国建筑学营建方法的文献可以追溯到先秦古籍《考工记》其中的《匠人》篇。汉代的《九章算术》、唐代王孝通的《缉古算经》、宋代秦九韶《数书九章》等著作中均有大量有关建筑的运算例题,这些著作的水平很高,记录了各个时代建筑技艺的不断进步演化。

宋代出现了中国建筑史上一部重要的著作:李诫编著的《营造法式》。书中记载各种"作"(大木作、瓦作等)的制度、工限、料例三个方面主要内容以及有关附图,系统说明当时建筑的分级、结构方法、规范要领,并按照"功分三等,役辨四时,木议刚柔,土评远近"的原则,规定劳动定额。书中一个重要之点是提出"以材为祖"的材分制,即以与建筑规模等级相应的某一尺度作为建筑的空间尺度及构件尺度的模数。这是我国传统木结构建筑体系成熟的标志。

图3 《营造法式》和《园冶》是中国古典建筑营建和景观营造的经典范式

宋代开始将山水画和园林造景密切结合起来。宋徽宗赵佶本身就是一位画家,而他特殊的社会地位,使他集尽"翰林图画院"所有画家的智慧,以山水为题,绘制图纸,施工筑园,建成"括天下之美,藏古今之胜"之艮岳,该园林不似以往皇家园林轩昂气派,平添了浓郁的诗情画意。

在私家园林中,诗人们既可以居庙堂而寄情于林泉,又能够居林泉而心系庙堂。为了在自家的院子里抒发时下寄情山水中的感悟,于是文人、画家逐渐直接参与造园活动。

顺乎天然是中国古典园林的核心思想,造园本着因地制宜的原则进行,尽量利用自然环境的现有条件实现"第二自然",即在园林设计中要体现对自然的概括浓缩,同时它并不是单纯的仿造,而是融入了诗情画意等审美要素。因此,中国园林也是中国传统哲学"天人合一"思想在建筑方面的典型体现。

四、写境:东方审美的独特魅力

人法地,地法天,天法道,道法自然。

——老子《道德经》

老子的这种思想代表了中国古人的自然崇拜观念,有着明显的人与自然和谐大同的意味,同时也影响了中国的传统建筑。尽管先秦时期也曾有过高台榭、美宫室的建筑,富含气势磅礴、壮丽辉煌的阳刚之美,但是之后中国传统建筑逐步形成"和谐"与含蓄之美的经典与传统。以内封闭的内部空间组合,纡余委曲的建筑序列层次,婉转、舒缓的建筑节奏韵律和凝重、自然的建筑装饰设计给人以亲切、温馨、安闲、舒适的审美心理感受。中国传统建筑始终在人与自然的辩证关系中摸索前行,中国建筑很难从环境中剥离出来而空谈建筑个体，它深刻植根于一种由东方独特审美方式所产生的意境之中。

中国传统建筑空间因轻灵秀丽令人神往，中国古典园林建筑在中国传统建筑中更具有十分独特而经典的代表性。因深受儒家思想的影响，文人的追求和喜好左右着造园，因而中国的传统园林在实际意义上是文人园林，历来讲究"气韵生动"的美学原则。在中国传统园林的本体认识上，重视整体的和谐，强调人与自然、人与人之间和谐的关系。所以中国传统建筑的艺术风格以"和谐"之美为基调。

图 4 东、西方园林表达的审美观之不同

五、案例分享——泉山森林公园阳光广场

泉山森林公园处在徐州市泉山周边群山绵延环抱中的一片平缓山谷地带，北侧紧邻城市，居于闹市一隅，依山缘谷、绿树参天，颇有闹中取静、市井中得野趣的意境，是市民踏青访绿，在喧嚣的城市里寻找自然的"市"内桃源。

森林公园中部的一片开阔、自然的场地，是观赏周围群山、绿景的绝佳开阔地带，也是游客能够找到的充满自然山野景观、没有太多人工雕琢、极富森林公园特征的场所。在这块场地策划建设一个以室外观景为主，为游人提供多角度观赏自然景观的室外休息空间，让游客放慢脚步，片刻停留、休息、观景，在面向自然的平台上坐下来，或喝水、或读书，抑或沉思冥想，让整日行色匆匆的都市行者有片刻将心灵放归自然的机会。

在这样一个真自然的环境背景中，建筑的介入从设计开始就十分谨慎，对环境"微介入"是贯穿整个设计的基本策略。

顺着游人在公园里的游憩路线，将人的活动自然延展进入环境，在自然环境中恰如其分地设置人的活动空间，在彼此互动、相互保持密切接触的同时，适度控制人的活动，最小限度地扰动自然环境。

游客阳光广场建筑设计从"观景"角度切入，在建筑与自然之间引入人的活动要素，建筑、自然、人三者通过"看与被看"的互动联系，融合为彼此协调共生的整体。整个建筑形态借鉴"莫比乌斯环"的空间逻辑，在一个开放连续的空间界面里，让人在一个近似于终点连接起点、循环完整的流线体系中，穿行于自然之间，游览之后又不知不觉回到起点，在似无刻意中完成了一次在自然环境空间中的游走穿行。设计着力弱化建筑的存在感，结合场地环境，通过平台、坡道、台阶、绿地等多层次的开放空间，在人与环境之间建立起一个自然、顺畅、完全融入景观的行走路线，步移景异、妙趣横生。场地里原有的大树在设计中作为重要的构图和对景要素，似是偶然，实为用心地保护下来，并组织进景观体系中。

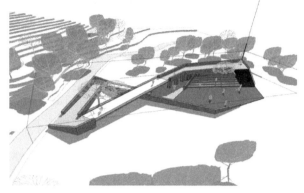

建筑采用当地特有的自然材料，以地域化的特征传达出质朴的姿态，延续场所固有的环境气质。建筑表皮做法就地取材，借鉴当地特产青石自然垒砌的做法，这种做法在当地民间传统引用中常用于砌筑低矮的院墙、墙基等。而运用在建筑表皮，引入了一些新的工艺做法和构造措施，采用石材内部局部开孔、利用钢筋串拉等技术手段，将这种地方传统建筑工艺引入建造体系，使建筑融入了地域化的景观。

图 5　泉山森林公园阳光广场效果图与建成照片

自然的山，自然的树，自然的环境，记载着城市中难得的自然，建筑试图在自然与人的行为之间架起一座桥梁，景观空间成为这座桥梁的延伸，让人走入自然，以最低的方式微介入自然，通过整体融入景观的意境营造，寻求建筑、人、环境彼此相融合、诗意相存的审美境界。

六、案例分享——禹王山抗日阻击战遗址纪念园

项目位于江苏邳州，建设于禹王山体的原生自然环境之中，遥望西侧流过的大运河。1938年，这里发生了禹王山抗日阻击战，该战是台儿庄战役的一部分。当时来自云南的滇军60军在禹王山与日军相遇，经过一个月艰苦卓绝的奋战，全军15 600多名将士全部英勇就义，是抗日救亡历史上凝重惨烈的一页。

开始做这个设计的时候，任务要求并不是很清晰，业主方最初希望利用既有的历史遗存在禹王山的大区域里建设一个纪念馆。场地里现在能够找到的战争痕迹很少，仅仅在山顶依稀能够辨认出残存的战壕遗址。任务书要求在山顶战壕遗址处建设纪念馆，是最重要的建设内容。我们勘察现场，发现山的地貌大部分被树木覆盖，在这以山石为主的山上长成这些树木十分不易，若砍除以建纪念馆实在可惜。通过对战争故事逻辑的梳理，结合环境特征，逐渐形成把建设单一纪念馆的想法演变成设计一个纪念园的构想。利用整个山体场地的环境，整体塑造纪念空间，大大缩减建筑体量和人工建设内容，表现建筑与地貌景观、环境情境以及战争故事线索更直接的对话联系，让景观成为主角，把纪念性的建设内容分散演化到整个景区的景观体系之中。

禹王山西侧是京杭大运河，从运河看来禹王山高耸挺立，是突出的地标性自然景观点。纪念园的主要纪念轴线沿禹王山山脊主轴展开。在轴线南端入口地方，设计一个纪念性的广场，中央堆筑三条黑色的石条，上面镌刻事件背景的三个重要时间点：1937年7月7日卢沟桥事件、1938年4月22日滇军60军在禹王山与日军相遇，战争开始，以及1938年5月

图6 禹王山抗日阻击战遗址纪念园建成照片

18日战争结束。沿着广场延伸一条轴线一直到山顶，沿途布置主要的纪念主题内容，通过一个宽窄收放变化的台阶串联。接近山顶的部位，在一块开阔的用地上设计一座半下沉的纪念馆。主要的建筑物，包括展厅和纪念的部分都隐藏在地下，在地上只留下一个高起的标志点，既是纪念馆的入口，也是一个纪念碑。在入口周围做了一个环廊，沿着环廊可以远眺京杭大运河和周围自然景观，希望借助自然景观的融合表达出超越时间和空间的人文情怀，营造缅怀先烈、珍惜和平的环境氛围。

禹王山北侧是战壕纪念园。这里保留了山顶战壕的原貌，人们可以通过战壕上面的

一组木栈道观察战壕的遗迹。人们可以在通往山顶的道路上,设计了一个 156 米长的自然石战壕,战壕的长度隐喻 15 600 多名牺牲的将士。在地面做了刻度的标识,每一厘米代表一人,一米代表一百人,通过数字隐喻形成一座无字纪念碑,让人在从山底到山顶延伸到战壕的行走过程当中感受这么多阵亡将士令人震撼的现实呈现,用景观环境的尺度、材质、空间语言营造纪念、缅怀的人文意境。

七、案例分享——北京奥林匹克公园 B27-2 项目

北京奥林匹克公园 B27-2 项目是一个高标准的国际金融机构总部办公场所,是一座庄重、简约、绿色、包容,实现国际一流生态、节能技术水准的绿色建筑。建筑整体格局严整有序,内部空间穿插交融,营造丰富的内外交往空间,匠心巧运、推陈出新。建筑以营造国际一流水准的高品质办公场所和室内外交流空间为目标,对室内空间环境质量、空气品质、生态智能、绿色材料等采用国际高标准控制,力求实现世界领先的综合建筑品质。

建筑内部营造的丰富、多层次的绿色共享空间是本项目设计的一大特点。办公建筑以三层为一个单元体,建筑内部立体交错,实现丰富多样的室内交往空间,共享空间引入大量绿植,营造绿色的室内空间。巨大的共享空间在办公空间与外部空间之间形成过渡空间,也实现了控制建筑环境品质的生态缓冲层。

建筑内部的办公空间以及围绕办公空间的共享空间构成独特的室内景观空间,通过弓字形与 U 字形平面布局变化,在内部构建相互穿插、层次丰富的立体空中花园景观体系,与外部的城市轴线与奥森公园的景观环境形成内外呼应、绿色渗透的景观穿插空间,为内部办公人员营造了独特而丰富的交流空间。这种在高密度的城

图 7　北京奥林匹克公园 B27-2 项目建成照片

市建筑中实现人活动空间的景观渗透融合，是一种在当代使用要求和技术条件下实现诗意栖居环境理念的尝试。

八、结语

　　建筑中的逸品境界犹如中国传统绘画中八大山人的作品，高远清逸，超凡脱俗，作品体现对哲学深刻的思考，具有悠远而超俗的审美意境。建筑意境相对于外在的形态，更多体现在建筑内在的美，有一种发自建筑内部能够感动人的力量。身处其中，会感受到建筑艺术的巨大感染力，让人从精神上与建筑产生共鸣，能够从建筑空间、工艺、材料的细部中获得不同一般的艺术感受，让人有精神上美的愉悦感，甚至能够影响人处于其中的精神状态，达到超越凡俗的建筑审美意境。

参考文献

[1] 祁斌.建筑之美[M].北京:中国建筑工业出版社,2019.
[2] 宗白华.美学散步:彩图本[M].上海:上海人民出版社,2015.
[3] 王先谦,方勇.庄子[M].上海:上海古籍出版社,2009.
[4] 李泽厚.李泽厚十年集:中国古代思想史论[M].安徽:安徽文艺出版社,1994.

苏州园林古建营造技艺研究

钟锦德*

我是一个小木匠，因为我学的是传统技艺木雕木作专业，现在主要的工作是设计创作木雕及传统家具制作。我从小生活在农村，对房子的渴望非常强烈，20世纪90年代初通过努力自己把房子造了起来，完成了自己的心愿。前边20年一直有一个梦想，梦想着能造出像苏州园林中一样美的建筑。2000年以后根据自己的想法做了一些微缩古建筑，相当于把真的建筑缩小十分之一，这个爱好已经坚持了二三十年时间，但是创作数量不多。今天上午和下午听了专家的讲座，我受益匪浅，因此我对自己未来的追求和研究方法做了一些更深入的梳理。

苏州美就美在园林，我无数次去园林观察，很喜欢园林中的古建筑艺术造型，所以园林对于我来说就是天堂。苏州园林最大的特点是它的精美，传统古建筑营造技艺历史非常悠久，工艺非常精湛，师傅做手艺工作时的认真状态，我在很小的时候就感受到了，拜师学艺的时候，我心里下定决心一定要好好学，把技艺学好学精，要担当起传承这份手艺的责任。

《倚玉轩》作品，仿制的是拙政园中的建筑。虽然我没建造过真的古建筑房子，但是我用精致的木作木雕技艺创作过微缩古建筑。我用了很笨的方法，把苏州园林先跑了个遍，通过比较发现最美建筑，看哪件建筑是我最喜欢的那个造型，然后对其做大量测绘。我对测绘的数据尺寸与形式内容做了详细的记录绘图，回到家就用做家具的木作榫卯结构方法来制作微缩古建筑。我对自己做的作品要求比较高，作品不能粗糙，要做得非常精美，

---

* 作者简单：钟锦德，中共党员，研究员级高级工艺美术师、正高级乡村振兴技艺师，江苏省第十三届、第十四届人大代表，获中国工艺美术大师、国家级技能大师工作室领办人、江苏省非物质文化遗产红木雕刻技艺代表性传承人、江苏大工匠、江苏省有突出贡献中青年专家、江苏省乡土人才"三带"名人、苏州杰出人才奖、姑苏文化名家、苏州市姑苏高技能突出人才、苏州时代工匠等荣誉称号。清华大学美术学院访问学者、中国艺术研究院访问学者、吴中区光福钟锦德紫檀艺术馆总设计师。从事红木雕刻45年来，坚持一线岗位，发扬工匠精神，立足继承与发展传统红木雕刻和明式家具制作技艺，为红木雕刻产业发展作出了积极的贡献。作品先后在国家级、省级工艺美术大师精品展中荣获金奖32项，被中国国家博物馆、中国美术馆、中国昆曲博物馆、中国工艺美术大师博物馆、江苏大剧院、苏州博物馆等单位收藏。出版著作"百工录——中国工艺美术记录丛书"《红木雕刻》，发表《论明式家具的文人气质》等31篇论文。守正创新，开展工艺革新和技艺创新，获国家实用新型专利1项，设计专利100余项，作品版权470项。

所以每一件作品用工用时非常长，从测绘到完成差不多都需一两年，创作成本也非常高。我基本不做同样造型的古建筑，喜欢做不同的造型，不同的形式，这也是我不断努力研究

作品一：《倚玉轩》

古建筑技艺和文化内涵的动力。《天泉亭》这个作品也是在苏州园林的基础上完成的，但是精度更高，因为当时我用了一些现代工具来测绘它的高度，也读了更多的书，详细记录归类了园林建筑的尺寸数据和技术技艺内容，尽量精良地制作营造完成每一件微型古建筑造型。《天泉亭》的营造过程，既运用了传统技法，也运用了现代技术手段。在继承传统技艺的基础上应用现代化的技术与工具，可以使作品具有时代审美之高度。学习制作传统建筑，可以让我穿越时间，感悟历史的脉络，学习前人的技艺和经验，这些想法很有意思，让我能够探索园林文化营造技艺和园林美学理念。有人问我自己能不能营造出新的建筑形式，我讲自己是造不出的。我想，创新出新的艺术语言，是需要很多年的时间去向古人学习的，古人留给我太多的智慧，太多美的建筑需要我去好好学习。

为什么要做《涵青亭》这件呢？因为其原建筑一直非常有名，而且我发现它很符合我的审美观点，已经接近于我们与自然和谐，尊崇天人合一的理念，建筑造型里边的空间布局也非常好，所以我就选了这一件进行创作。制作差不多花费了我两年的时间，测绘工作也非常难，需要运用到凭经验来心算与客观计算融合的方法，包括一些小部件，我需要去细细评估、审视它，我还要去发现并不精致的地方并加以调整，达到做出比原件更精致的建筑的目的。如果通过观察我发现它是最好的，是我无法超越的，那么我会认认真真按原样进行复制制作。技艺在当下，做事情要有自己的理解和审美解读。我二十多年来做的每一件建筑造型，都收藏在我的艺术馆中，如果有人想要购买，可以定制。一个大件建筑造型很难制作，需要花费很长时间去完成，卖掉它我是舍不得的，每一件作品都会花费我大量的心血，就像我的小孩，需要常常看到它才安心。

《涵青亭》的内部结构中有很多小部件，包括一些诗词雕刻挂板、小型家具，我都按照

作品二《天泉亭》

原建筑把它原汁原味地呈现出来了。我所做的建筑并不是单纯缩小模型,而是按照古建筑营造技艺制作方法,从地基,到通过榫卯连接每一根立柱横梁,到门、挂落、花窗、木雕装饰、瓦片瓦当、斗拱、美人靠等装饰构件,逐一层次细致制作。

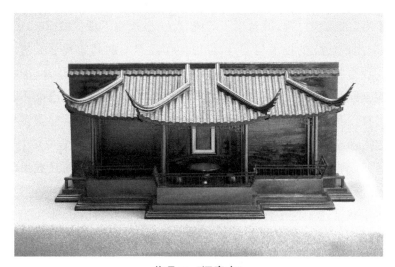

作品三:《涵青亭》

制作《濠濮亭》作品是因为我发现留园这件四方亭建筑造型的优美度超越了苏州其他园林中同类造型,所以我就设计复制它,它的形式和承载的内涵非常好,非常有诗意,让我很喜欢。它已经不是一个单纯的建筑,它已经变成一种艺术概念,一种美学概念,甚至上升到哲学,能让你感受到美的愉悦。这个空间让我深受感动,也让我深深地敬畏我们的祖先,他们的审美很高,用我的一生去追随他们都不够,希望我创作的这些建筑造型能留下来,让下一代人欣赏到。微型木建筑是可以移动的,我的梦想就是让中国历代流传下来的优秀古建筑造型都能以这样的形式移动展览,真的古建筑移动不了,那么可以移动其微型木建筑,这样同样可以传播我们的文化,让古建筑从中国走向世界,展示中国古代建筑的精妙精美,技艺的精湛精深。

作品四:《濠濮亭》

"扇亭"是非常有诗意的建筑,在园林中它依水而筑,内放圆凳及扇形条桌,扇形的漏窗,表达出"与谁而坐,知音相伴"的语境。不同于坐于其他建筑中,当你在这个亭子里静坐下来的时候,心境会变得不一样,所以我有时候会一个人坐在里面感受。扇亭的造型非常优美,里边每一个器物都以扇形来设计,包括家具、门、窗,线条非常优美。我在创作中用工艺技术去理解它的营造构成,力求创作的扇亭比原建筑更美更精致。总之我还是要更多地向传统学习,向老一辈艺人学习。

作品五:《扇亭(与谁同坐轩)》

前段时间我去了五台山佛光寺探访了建筑学者梁思成发现的唐代建筑,在那里待了好几天时间,做了具体的测绘。我的梦想就是能创作一件真正的微缩唐代建筑,以至几次去日本考察寻觅唐代建筑样式,佛光寺这一唐代建筑的宏伟让我非常感动。下一个创作目标是把这个佛光寺唐代建筑按照十分之一比例创作出来。

佛心宝幢是根据苏州博物馆收藏的国家一级文物宋代舍利宝幢创作出来的,原件是综合应用珍珠和金属工艺、木雕、木作、漆艺等多种精极工艺制作出来的,由不同工种的传统技艺工匠相互协同创作而成。亲眼鉴赏到宝幢原件时,我的心情万分激动,宝幢的精美震撼了我的心灵,想着古代艺人们的技艺和智慧是多么的高精。我没学过珍珠和金属工艺,所以创作时需要调整设计方案,用木作和雕刻来制作。整件宝幢作品前后用了近五年的时间,克服了很多的技术难题,在攻克很多技术难关的过程中,我的技艺也有了进步。这件宝幢建筑部分应用到了我在近二十年创作微缩古建筑时学习到的所有古建筑营造技艺,宝幢的创作完成也得到了很多专家学者的肯定。在不断探索和继承中华民族历代优秀传统技艺中,勇于创新性传承发展是当代工艺美术人才的责任担当。

作品六:《佛心宝幢》

留园盛景长留天地间

*盛承懋**

一、留园的第一代园主徐泰时

留园是在明万历年间,由太仆寺少卿徐泰时建造的园林,当时称为东园,因为在它的西边另有一座园林"西园",即现在的西园戒幢律寺。

徐泰时,字大来,号舆浦,是明万历年间的进士,曾任工部营缮主事,因为修复慈宁宫有功被提拔为工部营缮郎中,后来他又负责修复了万历帝寿宫,即定陵。徐泰时为人耿直,敢于直言,得罪了权贵,被弹劾回家乡听候勘问、审讯。回苏州后,他"一切不问户外事,益治园圃,亲声伎"(范允临《明太仆寺少卿舆浦徐公暨元配董宜人行状》)。徐泰时在著名画家、造园艺术家周秉忠(时臣)的协助下建造了这座园林,即当时的"东园"。

东园建园之初,徐泰时邀请周秉忠堆叠了"高三丈,宽可二十丈,玲珑峭削,如一幅横披山水画"(袁宏道《园亭纪略》)的大型假山,"叠怪石作普陀天台诸峰峦状"(江盈科《后乐堂记》)。现今留园中部假山的总体框架,就是建园之初留存下来的,整体山势未变,逶迤连绵,忽高忽低,几乎占了留园中部的一半空间,构成了留园山水风光的骨架。徐泰时又在园中"石上植红梅数十枝,或穿石出,或倚石立,……有池盈二丈,清涟湛人,……池上为堤,长数丈,植红杏百株,间以垂杨,春来丹脸翠眉,绰约交映"(江盈科《后乐堂记》)。徐泰时把东园建造得"宏丽轩举,前楼后厅,皆可醉客";瑞云峰"妍巧甲于江南",石屏玲珑峭削"如一幅山水横披画",整个林园平淡疏朗,简洁而富有山林之趣。当时建园所用的建筑材料均为青石。青石色泽素雅,易于雕凿,且滑润有光泽。建园初始,徐泰时造了若干座青石花坛,至今仅剩两座。一座在"远翠阁"前,另一座在"佳晴喜雨快雪之亭"前,花坛线条流畅、造型简约、色泽素雅、古朴大方,距今已 400 多年。徐泰时造园时,将一腔忠君报国的热情寄托在园林山水之中,为了表达他忧国忧民的情怀,取范仲淹"先天下之忧而忧,后

---

* 作者简介:盛承懋,1941 年 8 月出生于上海,盛宣怀嫡曾孙。1965 年 8 月毕业于北京师范大学数学系,先后任职于中央教育科学研究所、安徽师范大学、人民教育出版社、华东冶金学院、苏州科技大学。曾任原苏州科技学院房地产研究所所长。

天下之乐而乐"之意，将园中主厅命名为"后乐堂"。

东园建成后成了当时苏州文人雅聚的场所。那时苏州分为长洲、吴县两县，吴县县令袁宏道与长洲县令江盈科同为万历二十年（1592年）进士，两人同治一城，常有行政纠纷，但是他们二人都与徐泰时意趣相投，可谓是同道中人。他们也经常被徐泰时邀请，在园中赋诗饮酒，之后他们三人成了密友。

明万历二十七年（1599年）徐泰时去世。徐氏后人疏于治园，"东园"渐废。明清之际，东园几次更换主人，但是都没有得到很好的整修，园子逐渐荒落。

二、第二代园主刘蓉峰

清乾隆五十九年（1794年），江苏吴县人刘恕购得东园。刘恕，字行之，号蓉峰，曾任柳州、庆远知府，但他不到四十岁便称病辞官回乡。刘恕对徐氏东园情有独钟，购得后重新修整，并进行了扩建。建成后，将园命名为"寒碧庄"。

清嘉庆年间，刘蓉峰开始对东园进行重修。刘蓉峰是一位"石痴"，他为修园觅石"拮据五年，粗有就绪"（刘蓉峰《干霄峰记》），得"十二峰"如获至宝，即请江苏昆山画家王学浩作十二峰图，并请学者、画家、江苏吴县人潘奕隽为每张图配诗。十二峰的名称根据形神品题。刘蓉峰得十二峰后，十分得意，在园中建造了石林小院，将所得湖石分别陈列在一方方小天井内，并在这些天井内种树植竹，构成一处处对景，配成一幅幅小品。天井与天井互相沟通，竹枝与藤蔓交相缠绕，院外有院，景外有景，真可谓匠心独运。在这十二峰中，刘蓉峰特别钟情于一枚名为"晚翠峰"的湖石，还专门写了一篇《晚翠峰记》。刘蓉峰还在《石林小院说》中记叙了他寻觅峰石并"筑书馆宠异之"的经过，又说观赏湖石不仅能给人美感，还能得到很多为人处世、道德修养的启发。

至今，在留园，若沿石林小院东廊向南折东，可见廊壁上嵌有几方书条石，镌有王学浩以行书抄写的刘蓉峰《石林小院说》。从刘蓉峰将文章镌刻在青石上嵌入墙壁起，"书条石"就成了留园的一大文化特色。留园现存的三百七十多方书条石，根据内容大致可分为历史文献与书法艺术两大类，内容十分丰富，书条石现在成了名副其实的"留园历史档案馆"。

留园东部是高低错落、曲折深邃的建筑群。其中最重要的建筑是五峰仙馆，这是一座宽敞的大厅，面宽五间，硬山顶，屋宇高深宏敞。旧时，因厅内梁柱均为楠木，故俗称楠木厅；明代徐泰时东园时期，此厅称为"后乐堂"；清代刘蓉峰寒碧庄时期，此厅又更名为"传经堂"。与明代园主徐泰时一样，刘蓉峰经常邀请一些书画名家聚于其私家园林"寒碧庄"内，或肆书读画，或讨论风雅，或挥毫交流，其子刘运龄自小对书画篆刻耳濡目染，得其父辈感染，最终成为翰墨名家，刘运龄在刻印方面古雅有法，有《传经堂收藏印谱》存世。

刘蓉峰将徐氏东园更名为"寒碧庄"有多重含义：一是园内多植名贵树种白皮松，有苍凛之感；二是园内既有山水之美，又广植绿竹，故"竹色清寒，波光澄碧"；三是慕"前哲"韩文懿公,"尝以寒碧名其轩"。"寒碧庄"虽然得以整修,又重新焕发了光彩,但是附近的百姓却不习惯用这个园名,他们把"寒碧庄"称作"刘园"。晚清朴学大师俞樾在《留园记》中写道:"出阊门外三里而近,有刘氏寒碧庄焉。而问寒碧庄无知者,问有刘园乎,则皆曰有。盖是园也,在嘉庆初为刘君蓉峰所有,故即以其姓姓其园而曰刘园也。"

三、清同治、光绪年间活跃在苏州的私家园林园主

近代苏州私家园林比较兴盛的年代,要属清同治、光绪年间。当时活跃在苏州私家园林界的园主有怡园的主人顾文彬、曲园的主人俞樾、网师园的主人李鸿裔以及留园的主人盛康等人。其中顾文彬最年长,盛康次之,李鸿裔最年轻,比顾文彬足足小了二十岁。这四位园主在年龄上有一定的差距,三位中了进士,李鸿裔中了举人。当时与这些园主经常交往的还有苏州听枫园的主人吴云等人。

有意思的是,这些园主中只有顾文彬是苏州本地人,其他三位都是外乡人,盛康是江苏武进人,俞樾是浙江德清人,而李鸿裔是四川中江人。顾文彬作为苏州人在苏州建筑园林很自然,而另三位外乡人怎么也都跑到苏州来买园子了呢?

首先,当然要有经济实力。这几位都是朝廷的命官,同时,他们都十分喜爱苏州园林的文化与艺术。其次,他们都与苏州建立了某种关系。李鸿裔中举后,被派到江苏担任按察使与布政使等官职,罢官后就将家安置在苏州了。俞樾中了进士后,曾任翰林院编修,后来又受到咸丰皇帝的赏识,任河南学政,但因被御史曹登庸劾奏"试题割裂经义"而罢官,由于认为苏州是官员退隐的好去处,他最终选择了到苏州来安度晚年。而盛康到苏州来买下留园,很大程度上与他跟顾文彬关系要好有关,咸丰六年(1856年),顾文彬就任湖北盐法道,继任此职的正是盛康,所以两人有许多共同语言,之后两人又都转至浙江任职,交往更多了,这样盛康就经常登门拜访顾文彬。

盛康在杭州任官,经常往来于常州、苏州、杭州几地。同治十二年(1873年),盛康看上了苏州城外的"寒碧庄",他希望功成名就后在这方净土中参悟人生。光绪元年(1875年)四月,顾文彬从浙江宁波的任上告老还乡,得知盛康欲购"寒碧庄",积极为之参谋,并愿意为之做中保。光绪二年(1876年)四月初一,盛康在买下"寒碧庄"前夕,邀请顾文彬、李鸿裔等陪他实地察看。他们遍游内外两园,感觉该园"古木参天,奇峰拔地,真吴中第一名园,惜失修已久,将来修葺约在万金以外"。当时"寒碧庄"的主人几经更迭,园主已变为程卧云。盛康与程卧云协商后,确定了价格,交易地点选在苏州城里的铁瓶巷顾文彬府第。顾文彬自告奋勇,担当起交易的中保,并申明"不取中费",盛康花了五千六百五十两白银正式购得"寒碧庄"。

四、盛康倾全力修葺破园,留园成吴下名园之冠

咸丰十年(1860年),苏州阊门外均遭兵燹,街衢巷陌,几乎毁圮殆尽,惟"寒碧庄"幸

存下来。但"寒碧庄"已变成"芜秽不治,无修葺之者。兔葵燕麦,摇荡于春风中"的一个破园子。

盛康得园后,就着手扩地重修,他在仔细研究旧园的特点与状况之后,认真地向当地从事建筑、园艺、花卉等各种专业的能工巧匠请教,并注意听取一些文人、学者、士大夫的意见。使修葺后的园林显现出鲜明的特点:规模虽然不大,布局却十分精巧;以水景擅长,水石相映,构成园林主景;花木种类众多,布局有法;景观和建筑的布局不拘泥于对称的定式,灵活多样;蕴涵诗情画意的文人气息;建筑群形成重门叠户、庭院幽深的景致,而色彩素雅,以黑白为主色调。

由于盛康准备在退隐之后居住在园中,因此在修葺园林的过程中,他扩展了园林的一些功能,为了方便日常生活起居,盛康在留园东部修建了众多的建筑,形成了以主厅为中心的、满足多种需求的房舍格局;留园北部保留了菜畦瓜棚,在这里种蔬菜,养鸡鸭,营造一种回归田园的隐逸色彩。盛康在扩建留园时,设立"龙溪盛氏义庄"(又称"留园义庄"),购族田数千亩,以接济宗亲,这也成了留园的一大特色。

整个留园占地约35亩(约23 333平方米),分中、东、西、北四个部分。留园中部是留园的主要构成部分。园中逶迤连绵的假山和宽广的水池,是江南园林的典型特征,加上银杏、枫杨、榆、柏等多棵百年古树,使游人宛如进入山水之间,营造了幽雅宜人的闲适气氛。盛康在扩建时,山水的整体架构基本保持徐泰时"东园"最初的格局,但是在假山的修复、亭子的建造、池塘的整修、小桥的架设、花草树木的栽植上下足了功夫,使进园的客人都为之一振。中部的涵碧山房原为园中的主厅,盛康修园时决定把以后的主要活动移到留园的东部,于是在东部修建五峰仙馆与林泉耆硕之馆。涵碧山房功能有所淡化,在修葺时,仍保留其原先的风格。

留园东部是留园最具特色的地方。这里曾是"五世祖父"盛康及其家人生活起居和宴饮活动的场所。盛家住宅就建在东部的东园一角。五峰仙馆与林泉耆硕之馆是东部最主要的建筑,五峰仙馆最先是徐泰时的"后乐堂";之后,改为刘蓉峰的"传经堂"。盛康在翻建传经堂时,将它连同其四面的回廊全部改成了厅堂,装修富丽精美,陈设古雅齐整。盛康决定把它作为留园的主厅,重大宴请活动多在此举行。五峰仙馆遂被誉为"江南第一厅堂",它可以说是留园三代园主不断修建改造而成的。此馆北部西侧置有一座大理石圆形座屏,这是一块极其罕见的巨型圆形大理石,直径一米有余;座屏石面的纹理色彩构成了一幅天然"雨雾图",此石采于云南点苍山,石质细腻,堪为上乘,堪称留园一宝。此馆东西墙面悬有四幅大理石挂屏,红木屏板上各嵌一圆一方色泽明净的大理石,暗合古代"天圆地方"之说,隐寓着园主对"天地合一"这种人与自然和谐相处氛围的期盼与追求。林泉耆硕之馆,位于东园一角北面的石库门内。林泉,指山林泉石,因其幽僻,往往用来意指退隐;耆硕,指年高而有德望。馆名之意是来此相聚的均是隐逸高士。该馆俗称"鸳鸯厅",鸳鸯厅面宽5间,宽22米,进深13.7米,单檐歇山顶;四周有回廊环绕,厅内天花则做成一间两翻轩的形式,中间以圆光罩、隔扇、屏门板将厅分隔成相等的南北两部分,似两厅合并而成；为附会"鸳鸯"之意，南北两部分在设计、风格、用料、装饰、功能上都显示出明显的不同。鸳鸯厅的天井外则是戏厅，主人与客人常在此聚。鸳鸯厅的建筑装修富有书卷气，家具陈设极为讲究。

为了方便日常生活起居，盛康又修建了"还读我书斋""揖峰轩""西楼""鹤所""汲古得修绠"等多处建筑，这些建筑也各有特色与用途。盛家并于光绪年间在东园一角内建造了苏州第一座近代室内双层三楼大型戏厅，有意思的是，它还是苏州最早试用电灯照明的戏厅。由此留园东部形成了以五峰仙馆为中心，可满足读书、休憩、小聚、宴请、听戏、品曲等多种需求的活动场所。

出鸳鸯厅沿廊北折，建有一所单檐歇山顶的建筑，它是盛氏的家庵，盛康别号待云，故庵名"待云"。

鸳鸯厅北小院的主景是冠云峰，它是留园的又一宝。北宋末年宋徽宗为建造皇家园林，委任朱勔广搜江南奇花异草和湖石名峰，苏州太湖盛产名贵石峰，是朱勔必到之地。北宋灭亡，朱勔被杀，已搜集的一批湖石名峰未及北远，就留在了江南，冠云峰就是侥幸留存的一峰。其后几经周折，这一宝石终被盛康购得。盛康也可算作是一位"石痴"，为品赏此峰，专门在冠云峰周围建造了一组楼、台、亭、榭，并以"冠云"命名。冠云峰高6.5米，是国内最高的湖石名峰，古人品赏石峰有四项审美标准，即瘦、透、漏、皱，冠云峰不管从哪个角度看，都十分完美。冠云峰两侧还有两座较高的湖石峰，西边的为岫云，东边的为瑞云，三峰相伴，如同姐妹，合称"留园三峰"。冠云峰北建有一座两层的冠云楼，歇山顶，面阔三间，东西两端各接出一间，但微微缩进。此楼墙面有收放，屋顶有起伏，又有湖石花树三面环绕，显得自然流畅。冠云楼北墙正中嵌有一方乳黄色的鱼化石，它是留园的"三宝"之一。这鱼化石呈薄片状，浅黄色，凑近凝目细看，可见二十几条小鱼镶嵌在石面浅层，其头骨、脊骨等都清晰可见。据考证该石出自浙江建德地区，距今已有一亿四千多万年了。盛康扩建留园增建"冠云"小院时，从他处觅来此化石嵌在冠云楼内，为使其与冠云峰相映衬，增添了石趣。

留园西部占地近十亩，是留园的山林风光，假山规模宏大，可登临，可攀缘，可种植，充满着轻松自在、无拘无束的天然野趣。西部假山为留园的最高处，昔时登山远眺，由南而西而北，苏州近郊上方、七子、灵岩、天平、狮子、虎丘诸山秀色清晰可见，足不出园尽得山水佳趣。

留园北部的"又一村"内，在扩建留园时保留了一片菜田，数楹茅屋，并饲养鸡、鸭、鹅、羊等，一派农家田园风光，盛康有意在园林内营造出这种回归田园的气氛。

盛康花了三年时间修葺破园，使留园的泉石、草木、亭榭、轩厅比昔时更增雄丽，成为吴下名园之冠。

五、他们因园结谊

盛康修园时，张之洞的族兄张之万调任江苏巡抚，自然成了留园的座上宾，张善书画，留园东部扩建后,张之万即手书"奇石寿太古"五字以赠,这五个字被盛康制成匾,悬挂在留园"林泉耆硕之馆"北厅的上方。

光绪十八年(1892年),五峰仙馆修复,恰巧盛康又得文徵明"停云馆"藏石,盛康邀请著名书画家、金石学家吴大澂为馆题写匾额,又将得石之事记在匾额上。此匾历经百余年,仍完好地悬挂在厅堂上方。

盛康购园、修园的过程,增进了他与苏州知名园林园主的交往与友谊。怡园园主顾文彬、网师园园主李鸿裔、曲园园主俞樾、听枫园园主吴云,为盛康购园、修园都出过力。光绪二年(1876年)十月,留园修葺完毕后,俞樾应盛康之请,为其写下《留园记》。同样,光绪三年(1877年)五月,俞樾又应顾文彬之请,为顾写下了《怡园记》。

盛康修留园,震动了苏州,也惊动了苏州及各地的文人雅士,俞樾、张之万、吴大澂等知名大家,都成了留园的座上宾,特别是曲园名人俞樾,经常受邀在留园宴游小住。

冠云峰归留园曾轰动一时,俞樾为此特地撰写了《冠云峰赞有序》,被镌刻在屏门板上,俞樾在文中写道:"留园之侧,有奇石焉,是曰冠云。是铭是镌?胚胎何地?位置何年?如翔如舞,如伏如跧。秀逾灵璧,巧夺平泉。留园主人,与石有缘。何立吾侧,不来吾前?乃规余地,乃建周垣,乃营精舍,乃布芳筵。护石以何?修竹娟娟。伴石以何?清流溅溅。主人乐之,石亦欣然。问石何乐?石不能言。有客过此,请代石宣:昔年弃置,蔓草荒烟,今兹徙倚,林下水边。胜地之胜,贤主之贤,始暌终合。良非偶然。而今而后。亘古无迁。愿主人寿。寿逾松佺,子孙百世,世德绵延。太湖一勺,灵岩一卷,冠云之峰,永镇林泉。"藏于林泉耆硕之馆内。留园的戏厅、待云庵等处,当年均有俞樾撰写的楹联。

经过盛康的修葺,园内呈现出"嘉树荣而佳卉茁,奇石显而清流通,凉台燠馆,风亭月榭,高高下下,迤逦相属"(俞樾《留园记》)的美好园景。因前园主姓刘而民间俗呼刘园,盛康取"刘园"之音而易其字,改名"留园",留园之名始于此,喻此园长留天地间。

六、他在这儿参悟人生

现在留园每天游人如织,人们在游览留园美景的时候,很少会去关注留园曾是园主参悟人生的场所。

光绪二年(1876年)四月,盛康购得了留园,随后就扩地重修,他在对旧园的主景、建筑、园艺等进行精心修葺的同时,很注重在园内构造出一种参禅的环境与氛围。盛康功成名就后归隐留园,是希望在这方净土中参悟人生,寻求超脱。盛康为了参禅,特意在园内建造了家庵,并用自己晚年的号"待云"予以命名。不仅如此,他还将园中多处景点题上带有禅意的名称,如"闻木樨香轩""自在处"等。待云庵西廊壁上嵌有两方石刻"白云怡意""清泉洗心",也表达了同样的意境。在庵的正南方有一座半亭,名"亦不二亭",其名也深含禅意。由待云庵往南,空间由大变小,视线由分散变集中,走在丛丛修竹依依小草之间,微微可感悟到园主参禅的情境。

参禅除了要静下心来思考问题,也需要有一个读书的环境。"汲古得修绠"实际上也是书房,房名取自韩愈《秋怀》诗"归愚识夷途,汲古得修绠",指做学问犹如到深井中去打水,短绠无法打到深井水,要获得高深的学问,必须用修绠。还有"鹤所",昔日仙鹤放养在假山下,自由自在,与山上青松相伴,构成一幅生动的松鹤长寿图,营造了一种颐养天年的图景。

在急剧变化的时代里,盛康反对恪守教条,专注制艺,仿照著名思想家魏源编著的《皇朝经世文编》,他从吏政、户政、兵政、工政等八方面收录文选120卷,他在子孙的协助下,编辑了《皇朝经世文续编》,希望用经世致用的实学来治理国家和社会,表达了他一生的追求。

光绪二十八年(1902年),盛康88岁,驾鹤西去。他在留园已经整整生活了26年。

七、盛宣怀在留园停歇了下来

接着我的曾祖父盛宣怀成了留园的主人,当时盛宣怀在事业上已经达到了顶峰,留园成了他穿梭于京、津、沪等地途中难得小憩的驿站,也是他在官场、商海中受挫时休养生息的后花园。光绪三十二年(1906年)他因办汉冶萍公司与张之洞意见相左,流露出"俟得替人可以接手,即当寻桃源入山,唯恐不深矣"之意。

朝廷的摇摇欲坠、仕途的频频沉浮,加之老年丧子[我的祖父盛昌颐于清宣统元年(1909年)去世]的隐隐作痛,使他在治事之余,除了为筹备"愚斋"图书馆操心之外,多了一点休闲的心境。辛亥革命后,盛宣怀流亡日本。1913年其回国后在给友人的信中说:"归国后故园独处,书画自娱,如梦初醒,不欲知秦汉以后事。"留园西部的缘溪行一带的桃源意境,似乎是为他"不欲知秦汉以后事"的心境而特意营构的。而盛宣怀也有了一点时间,摆弄园中的花草,以至后山上的花草长得更加鲜艳、茂盛。经过盛氏两代世祖30多年的扩建营造,盛氏留园变得富丽堂皇,泉石之胜、草木之美、亭榭之幽深,盛誉一时。

盛宣怀也想安下心来,长久在留园住下,像他父亲盛康那样,在这里参悟人生。然而,世事难料,1916年4月27日,盛宣怀在成就了一生的事业之后,在上海静安寺路自己的老公馆里安详地离开了人世,命运未能遂了他的这一心愿。

盛宣怀生前曾遗命"僧衣薄殓",而家族却违背了他的意愿,决定按当时最大的排场和规矩,为他举行厚葬。按照家乡的风俗,盛宣怀的棺椁需在家中停放一年半,到第二年冬至(1917年11月18日)才举办出殡仪式——这成了一次不是国葬而胜似国葬的"盛典"!

那天午后一时,浩浩荡荡的出殡队伍从盛家老公馆出发,将盛宣怀的棺椁送至外滩的轮船招商局金利源码头。盛宣怀的棺椁在那里又停放了几天,1917年11月24日才用船送至苏州。

而苏州方面,家族事先特地拓宽了留园马路,整修上津桥水陆码头,还在码头上搭建巨大的祭棚。早晨七八时，阊胥一带已人山人海，至十一时，各城门已阻断不通（2005年，苏州动力厂靠上津桥畔，开发商在整地时挖掘出一块青石碑，碑文隶书"皇清诰授，光禄大夫，太子少保，邮传大臣，武进盛公神道碑"）。盛宣怀的出殡船快接近苏州上津桥水陆码头时，事先在码头上准备好的苏州乐队和吹鼓手就吹打了起来，杠夫们抬着盛宣怀的灵柩，登上了岸边，围观的民众越来越多。随后，警厅骑巡队十六匹马开路，从北京雇来的六十四名杠夫原班人马抬着盛宣怀的灵柩紧随其后，盛氏家族成员及苏州各界送葬队伍沿着留园马路，在乐队和吹鼓手的吹吹打打下，将盛宣怀的棺椁送至留园义庄。

盛宣怀的棺椁被抬到了留园义庄，放在事先筑好的一个厝——用红砖砌成的圆顶的小间（此圆顶建筑如同南京明孝陵的无梁殿）中。小间不大，棺椁四周有空隙，下面铺有轨道，可以推进推出。有一扇门，这是防火灾的，因为曾祖父的棺椁在里面要停放两年时间。

盛宣怀一生忙于事业，没有那么多机会到留园休憩。他的后人考虑到这一点，且留园边上就是义庄（相当于家祠），所以决定让他的棺椁在留园多停放一段时间，然后再迁至老家的墓地入葬。

1920年4月27日，盛宣怀的棺椁由一支庞大的船队，运到江阴马镇（现徐霞客镇）名为老旸岐的墓园安葬。老旸岐这块墓园是盛康早年买下的，占地80余亩（约53 000平方米）。从地形地貌看，一旷平地三面临水，水通运河，而运河又通海。盛氏盛隆、盛康、盛宣怀三代先祖都先后安葬于江阴墓园。

当年留园的园主离开我们已经一百多年了。然而留园盛景，却长留天地间！

园林发展与创新

以苏式园林文化引领"公园城市"建设

张锦秋*

先生们、女士们：

大家好，我是在西安工作的建筑师张锦秋，这次有幸以视频方式参与这次学术盛会，非常高兴。首先让我对第三届"新时代苏州园林承传与创新研讨会"在太湖书院的成功召开表示祝贺。我与苏州这座美丽的城市很有渊源。我是从苏州园林开始认识苏州，1961年我还是清华大学学生的时候，曾经参加了莫宗江教授带队进行的对江南园林的系统考察活动，其中苏州园林就是考察的重点。优美的中国园林让我为之倾倒。我深感这是一处可以古为今用、取之不尽的宝藏，以至在研究生论文定题的时候，得到梁思成教授的支持，师从莫宗江教授，学习研究中国园林。改革开放后，我又多次参与了苏州历史文化名城保护的学术活动，活动由韩三顺主持。性空法师邀请我为寒山寺设计唐卡，因为我远在西安有所不便，最后就给寺院和苏州建塔办做了些顾问的工作。

通过寒山寺，我对苏州的寺庙园林又增进了了解。我越来越认识到苏州园林是中国园林中的明珠，也是世界文化遗产的瑰宝。最近苏州市政府发布了《苏州市"公园城市"建设指导意见》，明确加快建设具有苏州特色的城乡绿化一体化的"公园城市"。苏州即将实现从一座园林城市到一座公园城市的华丽转身。据悉，苏州市有关部门此前已进行大量扎实的工作，贯彻践行习近平总书记"公园城市"的理念，谋划了别开生面的"公园城市"苏州的宏伟蓝图。在城市国土空间规划、城市绿地体系规划等基础上，公园建设还有赖于城市总体规划、区域规划、城市设计、公园项目的规划设计工作者通力合作，最后落实到每一座公园的艰辛设计、施工营造、运营管理。标志性市级公园和区级公园一定要有苏州特性。

在历史文化名城的现代化城市建设中，公园最具有利于传承发扬地方优秀传统文化的特色。此次关乎全局，自古苏州园林是叠山理水、惬意自然的私家园林，公园是在现代城市中，生态宜人的公共活动场所，二者尽管性质截然不同，但作为艺术创作，只要能够再现优秀传统的好印象，手法、尺度、材料、技法的决策就能做到古为今用，传承创新，使公园

---

* 作者简介：张锦秋，教授级高级建筑师，中国工程院首批院士，中国建筑西北设计研究院总建筑师。

不仅能够具有苏州园林特色,还能成为为人居生活服务的、舒适的公共活动空间。相信苏州一定能实现优秀传统园林文化的创造性转化、创新性发展,建成兼具时代品质和人文精神的公园城市,这次研讨会正值苏州公园城市开局之时,我祝贺大会圆满成功。

建筑创新思维与创作哲理

何镜堂*

一、建筑的属性

建筑学是一门研究建筑物及其内外空间与环境的学科,旨在总结人类建筑活动的经验,在技术和艺术两方面对建筑进行研究。广义的建筑学是传统建筑学、景观园林及城市规划,三者的融合是空间与环境研究领域的必然扩展。建筑具有功能性、文化性、技术性、综合性等基本属性,建筑既是物质载体,也是精神载体,建筑既有共性又具有个性,建筑是科学与艺术的结合。

建筑不是空中楼阁,所有的建筑都必须和当地地域特征相契合。建筑要体现文化价值,有些建筑能留存几百年,靠的是文化价值,而不是功能价值。

二、建筑创新理论的建构

建筑创新理论建构主要围绕地域、文化、时代三要素。三个简单而又隐含无限可能的词汇,共同融合构筑了我的建筑创作构思的源点与哲学基础,我将其归纳为"两观三性"论,即建筑要有整体观和可持续发展观,建筑创作要体现地域性、文化性、时代性的和谐统一。不同建筑侧重点不同,例如有亲水的建筑,有注重文化的建筑,有时代感强的建筑,但是都必须三者融合。这就是创新点的来源。

建筑的地域性、文化性、时代性是一个整体的概念:地域是建筑赖以生存的根基,文化是建筑的内涵和品位,时代则体现建筑的精神和发展。一个合乎逻辑的设计构思过程,常常是从地域中挖掘有益的"基因",使其成为设计的依据,再从文化的层面深化和提升,与现代的科技和观念相结合,并从空间的整体观和时间的可持续观加以把握,创作出"三性"

---

* 作者简介:何镜堂,广东东莞人,中国工程院院士。华南理工大学建筑设计研究院有限公司董事长、首席总建筑师,华南理工大学建筑学院名誉院长,教授,博士生导师。文章根据何镜堂院士的主题报告录音整理。

和谐统一的有机整体。

以当地的文化为依据,赋予建筑使用价值,并进行升华。中国近年来在建筑领域取得显著成就,中国每年新增建筑面积是世界总量的一半。我的工作方法,第一要理论,理论是实践的支撑;第二要人才,多专业的合作需要多方面的人才;第三要有理想、有担当且团结的团队。

三、传承与创新是建筑永恒的主题

1. 传统是基础,创新是关键

传统是人类应对自然和社会严峻考验过程中积累的宝贵文化财富,也是我们从事创作的源泉与根本,离开了传统就会迷失方向。推动文化的发展,继承是基础,创新是关键。建筑创新既反映当今人类的先进思想、观念,以及新材料、新技术的吸收和应用,同时也要结合国情,贯彻适用、经济、绿色、美观的建筑方针,以人为本、因地制宜,坚持建筑的本体,结合历史传承、区域文化、时代要求创作有中国文化和时代精神的新建筑。

2. 传承什么?

传承中华文化以和谐为核心的价值观,和而不同,不同而又协调;传承中外优秀的建筑文脉,古今中外,皆为我用,传承维护建筑本体的基本理念。

中国文化的核心是和谐,这是老祖宗留下来的最宝贵的财富。还要传承建筑学基本理念:一个建筑能否满足人的需求。不走歪门邪道。

3. 创新什么?

第一,突出地域性:使建筑与自然和环境融为一体;第二,强化建筑的文化内涵:在继承优秀文化传统的基础上有所突破和发展,既本土又现代;第三,突出时代性:彰显生态与技术的进步,引领时代精神。

四、创建和谐人居环境是城市建设的根本目标

中华文明自古崇尚和谐。以人为本、以自然为美,构建整体和谐、舒适、宜居的物质和精神空间环境是古往今来的理想人居环境给我们的基本启示。在中央城市工作会议上也明确提出统筹生产、生活、生态三大布局,提高城市发展的宜居性,努力把我们的城市建设成为人与人、人与自然、人与社会和谐共处的美丽家园。

绿色、和谐的人居环境,在社会层面体现社会和人与自然的和谐统一;在建筑层面体现城市、建筑与自然的和谐统一;在建筑文化层面体现文化传承与建筑创新的和谐统一。"看得见山,望得见水,记得住乡愁"的、理想的绿色和谐人居环境一直是我们城市建设的根本目标。

五、建筑创新思维

维特鲁威认为,建筑师应当擅长文笔,熟习制图,精通几何学,深悉各种历史,勤听哲学,理解音乐,对于医学有所涉猎,通晓法律学家的论述,具有天文学或天体理论的知识。

创新思维方法包括三种:第一,辩证思维法,即共性与个性相结合、抓主要矛盾和矛盾的主要方面、对立与统一的思维方法;第二,系统思维法,即整体的思维方法、联系的思维方法、发展的思维方法,系统思维是种交叉思维;第三,创造性思维法,即理性与感性交织、传承与创新结合、理论与实践结合,创造思维既要吸收文化内涵,又要与时代相结合。

六、建筑创新与创作实践

建筑师是用建筑记录时代的,记录时代发生的重大事件,这是建筑师的历史责任。以侵华日军南京大屠杀遇难同胞纪念馆扩建工程及胜利广场举例,你只要走进这个建筑就会开始震撼,建筑师把整个建筑像一本小说一样展现出来,从中出来以后你会珍惜和平。所以我们最终要以史为鉴,负重前行。

城市规划:景观规划设计三元论

刘滨谊[*]

在日新月异、突飞猛进的中国聚居环境建设中,景观的规划与设计举足轻重。面对迅速发展变化的中国景观规划设计市场,置身于如火如荼的景观规划设计工程实践,明确景观规划设计的根本目标,具备掌握评判景观旅游规划设计方案的眼界标准,熟悉景观规划设计作为一门学科的理论原理,从而发展、创新、规划,设计出更多的景观杰作,是每一位从事景观规划设计实践的同行首要解决的根本问题。

历经百年,时至今日,景观规划设计的内容已扩展得越发广泛。时空范围上,从数万平方千米的区域旅游发展规划到数公顷的城市广场、公园、居住小区景观环境;项目内容上,从风景名胜区总体规划、旅游度假区策划规划、主题公园规划到城市绿地系统规划、道路景观规划设计、滨水带规划设计;项目性质上,从自然原始景观的保留到人工生态的再造,从传统文化的发掘到现代精神的追求,从基于理性的解析重构到基于浪漫的随心创作,从基于工程技术的计算论证到基于文学艺术的灵感顿悟,总之,落实在各个具体项目中的现代景观规划设计时空跨度之大、项目种类之多、呈现结果之丰富,已远远超越了传统意义上的景观园林。保留诗情画意,叠山理水也不可少,但仅靠这些园林的传统已难以满足今天社会对于景观的需要。目标的大众性、项目内容与参与人员的丰富性、规划设计实践的环保性,这三个特性代表了现代景观有别于传统园林的基本特性。

一、景观规划设计实践的三元

从国际景观规划设计理论与实践的发展来看,笔者认为,现代景观规划设计实践的基本方面均蕴含三个不同层面的追求以及与之相对应的理论研究:

(1)景观感受层面,基于视觉的所有自然与人工形态及其感受的设计,即狭义景观设计;

---

[*] 作者简介:刘滨谊,同济大学建筑与城市规划学院景观学系教授、博士生导师、首任系主任,现任同济大学风景园林学科学术委员会主任,国务院学位委员会风景园林专业学位研究生教育指导委员会委员,上海市风景园林学会副理事长。

原文发表于《新建筑》,2001(5):1-3。

（2）环境、生态、资源层面，包括土地利用、地形、水体、动植物、气候、光照等自然资源在内的调查、分析、评估、规划、保护，即大地景观规划；

（3）人类行为以及与之相关的文化历史与艺术层面，包括潜在于园林环境中的历史文化、风土民情、风俗习惯等与人们精神生活世界息息相关的文明，即行为精神景观规划设计。

如同传统的风景园林，现代景观规划设计的这三个层次，其共同的追求仍然是艺术。这种最高的追求从古至今始终贯穿于风景园林理论与实践的三个层面。笔者将上述三个层面予以概括提炼，引出了现代景观规划设计的三大方面：景观环境形象、环境生态绿化、大众行为心理。笔者称之为现代景观规划设计的三元（或三元素）。

现代景观规划设计的三元素，源于景观规划设计的实践。纵览全球景观规划设计实例，任何一个具有时代风格和现代意识的成功之作，无不对这三个方面展开刻意追求和深思熟虑，所不同的只是视具体规划设计情况，三元素所占的比例以及侧重。

景观环境形象是从人类视觉形象感受要求出发，根据美学规律，利用空间虚实景物，研究如何创造赏心悦目的环境形象。

环境生态绿化是随着现代环境意识运动的发展而注入景观规划设计的现代内容。主要是从人类的生理感受要求出发，根据自然界生物学原理，利用阳光、气候、动物、植物、土壤、水体等自然和人工材料，研究如何保护或创造令人舒适的、良好的物质环境。

大众行为心理是随着人口增长、现代信息社会多元文化交流以及社会科学的发展而注入景观规划设计的现代内容。主要是从人类的心理精神感受需求出发，根据人类在环境中的行为心理乃至精神生活的规律，利用心理、文化的引导，研究如何创造使人赏心悦目、浮想联翩、积极上进的精神环境。

景观环境形象、环境生态绿化、大众行为心理三元素对于人们环境感受所起的作用是相辅相成、密不可分的，一个优秀的景观环境给人们带来的感受，必定包含着三元素的共同作用。这也就是中国古典园林中三境——物境、情境、意境一体的综合作用。现代景观规划设计同样包含着传统中国园林设计的基本原理和规律。

强调景观环境形象，首先需要呈现鲜明的视觉形象；强调环境生态，首先要有足够的绿地和绿化；强调群体大众的使用，首先要有足够的场地和为大多数人所用的空间设施。这三个看似简单的问题，恰恰是现代景观规划设计与传统风景园林规划设计实践侧重的差异所在，也正是中国现代景观规划设计和建设自始至终面临的三大难题，考察时下中国的景观规划设计实践，只要能够首先把着眼点放在解决这三方面的问题上来，就可以算是成功了一半。

当前中国景观规划设计在形象问题上，从南到北，照搬模仿，少有个性鲜明、耐人回味、境界高远、意味深长的作品。不少设计仍然被僵化地局限于西方传统园林的模仿、照搬。

环境生态绿化设计中，目前我国大多数的景观规划设计侧重于构成景观环境的"硬质景观",而忽视了绿地林荫一类的"软质景观"的规划设计。景观环境建设中,各类缸砖、石料、不锈钢等材料所占比例仍然过大,相比之下,绿地草皮、林木花卉、河池水体则往往处于从属地位。

景观规划设计中的场地意识淡薄,更是一个普遍存在的问题。由于人口众多,几千年来城市户外环境场地一直极度缺乏。习以为常之后,就连景观规划设计也丧失了"提供足够的活动场地"来满足游憩行为这一基本目标。对于居住,人们都知道建筑面积、人均居住面积等术语;可是,对于居住的景观环境,若要问一个人起码应该有多少户外活动场地才适合,就连我们专业人员也很少去认真思考。

对于处于起步阶段的中国现代景观规划设计实践,鲜明的视觉形象、良好的绿化环境、足够的活动场地是基本的出发点,随着景观环境建设的发展,仅仅满足这三方面,也许还远远不够。但这毕竟是远期景观发展的基础,对于未来景观建设的腾飞将起到重要的作用。

正是基于景观规划设计实践的三元,在众说纷纭的各类景观规划设计流派中,三种新生流派正在脱颖而出:① 与环境艺术的结合——重在视觉景观形象的大众景观环境艺术流派;② 与城市规划和城市设计结合的城市景观生态流派——以大地景观为标志的区域景观、环境规划,以视觉景观为导向的城市设计,以环境生态为导向的城市设计;③ 与旅游策划规划的结合——重在大众行为心理景观策划的景观游憩流派。这三种流派代表着现代风景园林学科专业的发展方向。

二、景观规划设计观念目标的三元

游憩行为、景观形态、环境生态是景观规划设计观念目标的三元。就目前中国现状而论,景观规划设计、园林、城市规划、建筑学、环境工程、环境艺术等不同学科专业的拥有不同职业背景的专家学者、部门领导、管理人员,对于景观规划设计观念目标的理解、解释各不相同,甚至差别很大。为此,人人都需要跳出学科、专业、职业、经历的局限,根据中国社会的需求,以景观规划设计的实践检验作为立足点,来看待自身也在不断演进的景观规划设计。根据多年的景观规划设计实践,笔者以为,对于中国,全面的景观规划设计应包括:"游憩行为""景观形态""环境生态"这三个方面的规划与设计。"游憩行为"的规划,其核心是对景观资源(分为自然天成和人为创造两类)、人们的行为心理与项目经济运作,这相互交织的三者进行揣摩、分析、设定、预测,统称策划;"景观形态"的规划设计,又称为风景园林规划与设计,其核心是对游憩行为、景观项目、设施建设,这三者进行空间布局、时间分期、设施设计,统称规划设计;"环境生态"的规划设计,其核心是对景观环境、景区、景点的自然要素环境与因景观开发建设而引起的影响,进行识别、分析、保护的规划设计。一个几万平方米的区域旅游发展规划也好,一个风景旅游区的项目策划也好,一个景观场所的修建性详细规划也好,虽然规模、层次、深度各不相同,但是,其规划设计中都必须将这三方面作为基本内容予以考虑,只是三方面的比重、深度有所不同而已。

三、景观规划设计操作方法论的三元

多学科专业人员介入、层次明确的系统理性、规划与设计的专业素质,这是景观规划设计操作方法论上的三元。

景观规划设计的多学科专业性,首先,要求操作中要保证一定数量人员的同时介入。根据笔者的实践经验,一个稍上规模的景观规划设计项目,通常需要来自不同领域总共数人乃至数十人的介入,其中至少要有四五位专项负责人员参与,若要保证起码的质量,哪怕是再小的景观规划设计也不能仅靠一两个人完成。其次,在众多学科专业同时介入中,必须树立规划的层次级差观念:哪些方面是重要的?哪些方面是次要的?哪些是潜在决定的因素?哪些是间接甚至是引起误导的表象?目的是抓纲带目、纲举目张。谁是纲,谁是目,必须达成共识,否则纲目混淆,主次颠倒,反而给规划帮了倒忙。这就如同城市规划,社会经济、人口、文化、总体、道路、景观绿化、市政管线,在众多分工专项中,需要由"总体"作为龙头,也如同建筑设计,建筑、结构、水、暖、电,大概预算中要以建筑作为统领。对于景观规划设计,经济、心理行为、游憩、资源、文化、历史、景观、园林、环艺、交通、设施、环保、生态等众多因素的专项规划中,也需要一个"龙头",这个龙头必须是游憩行为、时空形态布局、环境生态保护三者结合的"规划"。结合国情,基于实践,笔者坚持以景观与城市规划师的规划专业素质作为景观规划设计师的实践根基。这种规划的根基,除了时间空间布局与形态设计,其根本的素质在于:一方面,要具备条分缕析、辨别纲目的严密的理性思维与行动;另一方面,还要具备灵活应变、始终创新、自由浪漫的感性思维与行动。这也正是"规划"与"设计"的本质所在,景观规划设计更不例外。

四、景观规划设计理论研究的三元

明确观念、分清纲目、不断创新,要在景观规划设计的实践中做到这些,还必须借助理论,借助结合中国国情的景观规划设计理论。对于目前我国刚刚起步、众说纷纭、观点各异的景观规划设计理论,笔者提倡以下三方面的研究侧重:

(1)从景观规划设计的核心内容入门,研究以人为中心的游憩规划设计和以环境为主导的景观资源筹划;

(2)从景观规划设计的操作落实着手,研究各类景观活动项目空间与时间分布的规律以及相应的规划设计;

(3)从景观规划设计诸纲目因素的分析评价突破,分析判定景观规划设计的价值观念,把景观经济、社会、环境的三大效益评价与景观规划设计关联的各个要素挂钩量化,寻求发现满足社会市场需求的中国景观规划设计的内在规律。

五、景观规划设计学科专业的三元

当今中国景观规划设计作为一门新兴学科专业正在迅速扩展,传统园林学"一统天下"的局面正在被打破,代之而起的是风景园林、环境艺术、旅游游憩,三大专业分争景观规划设计,成"三国格局"。不足为奇,现代景观规划设计,其核心就是这三大方面的综合。一是艺术,即以视觉形象为核心带动的景观艺术,在这方面,环境艺术专业最为擅长;二是物质环境的规划设计,即以环境绿化、水土整治为核心的园林绿化艺术与技术,这是园林专业的强项;三是不管是园林绿化,还是环境艺术,所营造的景观园林环境终究是为人类所使用的。这就涉及研究人的心理行为,什么样的环境为人们所喜爱,什么环境会引发什么样的行为活动,等等,并由此组织游人活动、设置娱乐休闲空间,这样即引出一个大的分支,国际上叫"游憩娱乐学"。在中国名义上没有这个专业,但实际上正在从旅游管理、风景园林学科中产生。目前,在全国,设有环境艺术专业的大专院校约100所,设有旅游管理(旅游规划方向)类专业的大专院校约80所。由此构成了现代景观规划设计这一学科。从学科发展演化来看,环艺、游憩娱乐都是近现代、工业革命以后引入的,园林专业则较为传统。

具有竞争生存力的现代学科,往往需要若干个专业的共同支撑。面对未来学科之间的竞争,应当变群雄逐鹿的"三国格局"为现代景观规划设计学科的"三位一体"。

与全世界环境保护、生态建设、可持续发展的国际潮流同步,向国际同类先进学科专业看齐,在过去的10年间,中国景观规划设计正在从以古典园林为核心的传统园林设计转变为以现代景观为核心的现代景观规划设计,在研究、教育、实践方面都发生着结构性的重大转变。历经百年,景观规划设计学(Landscape Architecture)在国际上一直是作为一个完整的学科专业而独立存在的,在中国,这一学科专业尚处萌芽初期,正在经历着结构分化、重组、转变。

与国际百年学科专业历程相比,中国现代景观规划设计尽管只有10多年的历史,然而,其兴起已是势不可挡。其客观基础来源于近年迅速扩展的景观、风景园林规划设计市场需求与工程实践。其项目类型、规模和工作深度均已大大扩展。例如,在许多城市发展规划中,城市绿地系统规划已从总体规划中的专项规划中分离出来,成为一项独立的规划,如近年兴起的城市景观风貌规划、滨水区规划设计、街道景观设计、城市广场规划设计、新型的居住区景观环境规划设计、交通道路景观规划设计、旅游度假区规划设计等。事实上,这些工程实践的类型、规模、深度已经与国际同类行业的实践接轨。随着境外高水平景观规划设计事务所的介入和国内景观规划设计院所景观规划设计的国际化操作,学科专业观念已与国际接轨。

以现代景观规划设计三元论为主线,从众多的景观规划设计项目实践着手,寻求结合中国国情的景观规划设计发展创新之路,是笔者18年来从事景观规划设计教育、研究、实践的经验总结。

基于文化特征与自然条件的江南建筑空间组织模式分析

王 静[*]

文化的传承和发展是建筑界一直以来的热点话题。建筑空间是文化的重要载体,只有在对传统建筑空间进行深入研究的基础上,才能建立建筑文化传承和发展的具体路径。因此,我们一直致力于江南建筑的空间研究,探究其模式和特征。

影响建筑空间模式的因素很多,目前我们的研究主要从三个方面展开:文化、地理环境和气候条件。从文化上讲,江南文化是中华文化的一部分,在长期的发展过程中,结合地域经济地理特征和人文情况,形成了地域特性。江南文化有两个融合并存的主要特征:一是以"政治-伦理"为深层结构的儒家文化特征[①],强调伦理和秩序,在建筑空间上表现为建筑群的主体空间组织中规整的轴线和秩序性;二是具有"经济-审美"内涵的"诗性文化"特征,这集中反映在江南园林的营建中,追求自由灵动、富有诗性和意境的空间,反映出江南文化的审美特征、气质和对江南景物的理解。

从地理环境上讲,江南文化所在地区地形地貌比较复杂,山地、丘陵、平原、水网等交织形成独特的地形地貌,其间河川纵横交错,湖塘星罗棋布,山间河谷盆地相间,岛屿众多分散,土地资源紧张。因此,江南建筑往往布局紧凑,并注重与水的关系。

从气候条件上看,这一地区基本属于夏热冬冷地区,且常年湿度较高,日照较少。其中,夏季湿热问题较为突出,因此,在建筑的空间组织方面,往往会重点考虑通风排湿。

针对江南建筑的空间组织模式,我们对以江南文化为特征的长三角地区进行了较为全面的调研,调研传统建筑案例共 111 个,传统聚落案例共 55 个。在调研的基础上,结合文化、地理、气候等要素,从空间单元、空间组织、空间界面三个方面对江南建筑空间组织模式与特征进行了分析总结。

我们认为,在空间单元方面,江南地区的建筑具有外部封闭、内部通透的特征。通过外部空间的限制,形成对外封闭的空间,而内部则灵活通透,有利于建筑组团空间的灵活

---

[*] 作者简介:王静,东南大学建筑设计与理论研究中心副主任,教授,中国建筑学会建筑文化学术委员会秘书长,日本国一级注册建筑师,江苏省土木建筑学会建筑创作专业委员会委员,主要从事建筑设计理论研究、建筑设计创作与教学工作。

① 刘士林,苏晓静,王晓静,等.江南文化理论[M].上海人民出版社,2019.

组织和园林营造。在空间组织方面,江南建筑具有多项特点:一是秩序性空间与自由灵动空间共存并重。这与江南文化特点密切相关,建筑群的主体空间呈现出规整的轴线和秩序性,体现伦理和宗法观念,而园林空间则尽显灵动,成为一个充满诗性与意境追求的空间。二是众多院落、天井组合形成多孔质空间结构。从适应气候的情况来看,这种结构有利于建筑的通风排湿。三是宽窄比例尺度不同的院落形成组合关系。这有利于形成空间层级,也有利于带动空气流动,促进通风。四是体系化的开敞空间。由巷道、院落、天井、檐廊等组成开敞空间体系,具有体系化、网络化特征。在空间界面方面,模糊性、通透性界面较多,同时,南北立面相似,许多北立面也具有通透性。这有助于通风排湿,也有助于院落间纵向流线的组织,这一点与北方建筑有较大的差别。

总之,江南地区独特的文化、地理、气候,形成江南建筑特定的空间特质和组织模式。通过对多种影响要素及其对空间组织影响的分析,可以探明空间结构形成的内因,从而更加准确地理解传统空间的结构,以及寓于其中的文化和应对自然环境的智慧,由此建立建筑文化传承和发展的路径。

江南古典园林设计的向善化思维观

周玉明*

我向大家汇报的题目为《江南古典园林设计的向善化思维观》。前面的设计大师都是来自设计单位,而我来自高校。针对这个主题,我想从以下几个方面来阐述:一是什么是善,二是什么是设计向善,三是江南古典园林设计的向善化思维是什么样的,当今它的积极意义体现在哪儿。

一、何为善?

我们周围有很多朋友、同事都觉得助人为乐就是"善"。中国传统哲学中的"善"究竟怎么回事呢?"道"是中国传统哲学中至高无上的形而上者,"善"则是"道"的组成部分与践行方式之一,是"道"的具象化体现,即"善"是对崇高道德的追求,这种道德须符合社会与政治的诉求,以维护皇权的统治,同时因个体的差别而显示出差异。"士不可以不弘毅,任重而道远",体现了善的入世特点,表现崇高道德与现实社会诉求之间的休戚相关。简言之,中国传统哲学中表达的"善"思想是至高无上的"道"的具体组成成分之一,蕴含着对崇高道德的追求,兼具社会与政治两方面的特点。在中国传统哲学所推崇的价值观中,对于"善"的追求甚至能够超脱人对生命的渴求。

在西方传统哲学中"善"的思想又是什么样的呢?罗斯和艾温曾将"善"的概念概括为8个方面:① 成功与效率;② 快乐或利益;③ 满足欲望;④ 达到目的;⑤ 有用或手段善;⑥ 内在善;⑦ 至善;⑧ 道德善。亚里士多德在《尼各马可伦理学》中指出"善"有双重含义,一是事物自身就是善,二是事物作为达到自身善的手段之善。将两种"善"思想进行比较:首先,两者均尝试对于"善"进行分类。亚里士多德尝试将"善"区分为内在与外在、抽象与具体、个体与总体等不同类别,中国传统哲学也区分了"善"的类别与层次性——满足社会政治诉求的"共性的善"以及因人而异的"个性的善"。其次,两者都将"善"作为终极追求或终极追求之一。亚里士多德的"善"是独属人类社会的终极追求,中国传统哲学的

---

* 作者简介:周玉明,苏州大学艺术学院教授、博士生导师,研究方向:环境艺术设计及理论研究、景观设计及理论研究、历史建筑活化。

善是至高无上的"道"的组成部分之一。最后,两者都体现一种理性主义的思想。亚里士多德通过"适度"的方式达到"善",对"适度"的衡量与践行本身包含一种理性权衡,中国传统哲学在"善"的层次进行抉择,克服人类求生的本性,旨在对有限的生命进行无限的超越。

二、何为设计向善?

设计作为一种媒介,是人们追求"善"的过程,人们利用设计手段达到"善"的目的。设计师对"善"的理解,通过设计出的作品表达出来,通过对现有物质的创作,表达自身精神和情绪。通俗讲,就是设计师将其想法物质化的过程。由于有设计作品即物质,设计师和观赏者无须交流,通过物质观赏便可以明白设计师的"善",并且由此得到启发。向善化设计可以体现出不同的审美,引起情感的共鸣,表达出美好祝愿,或者让我们内心得到片刻的满足。换而言之,设计作品是人意识、精神的承载体,是人精神、意识的物质化表现。向善化设计,能够增强我们对美好的感知,并产生积极的向往。

司汤达说:"有多少种幸福观,就有多少种美。"观赏者对江南古典园林美的认同和深层次的探究,是观赏者对其价值观的认同。观赏者在江南古典园林所精心营造的意境中受到感染,这些物质化美的意境,刺激启发观赏者的内心,激发了对美的沉思。不仅如此,这种物质"美"还会引发人们对美好未来的向往,向善化设计可以作为"善"的宣传者、执行者。江南古典园林本质上是"善"的宣传者,若是造园者拥有美好的想法而没有实践,就没有产生"善",不能构成向善化设计,只有当设计活动开始,"善"才会出现。除此之外,古典园林也是"善"的执行者,古典园林为隐士提供了理想的空间、向往的生活,其不必完全归隐山林,便寻得一处"避世"之所。

三、计成《园冶》的启示——江南古典园林的设计向善

设计向善,须在人、社会、环境之间寻求平衡。"天人合一"的江南古典园林植根于吴文化的沃土中,深受士人阶层趣味、气质与情操的影响,虽由人作,宛自天开,追求与自然协调共生的生活、游赏环境,呈现出虚实结合、高低错落、蜿蜒曲折的精致布局及以小见大、咫尺山林的园林空间,展现出"比德自然""清净无为"的品德美、精神美,表现出设计的善性。

江南古典园林设计的"善"体现在三个方面:基于实用价值的"手段善"、基于审美价值的"内在善"和基于伦理价值的"道德善"。《园冶·相地·城市地》中说"足征市隐,犹胜巢居,能为闹处寻幽,胡舍近方图远",体现了闹处寻幽、返归自然的"中隐"思想,是官场归来,表现出儒家"穷则独善其身"的"善"的思想的现实化,这种思想既有消极避世的意味,又有不同流合污的高洁傲岸,是江南古典园林的"善"在美学理论上的概括。

苏州园林的善，表现在园林和人的实践关系上，即园林中人的需求与外部现实性的统一。其中，人的需求可概括为物质需求与精神需求两方面。一些文人士大夫在逢遭贬谪、仕途不畅时，通过诗词歌赋与居住环境将自己隐于精神世界，抒发自己的志向与理想，他们一方面想要乐逸山林，却又不愿意去过清苦贫穷的生活，则选择朝市之隐，在闹市中独善其身。这种看透世间浮华的寡欲的"善"在苏舜钦建造的沧浪亭中得以充分展现。在官场屡屡受挫的苏舜钦在《沧浪亭》写下了"迹与豺狼远，心随鱼鸟闲"，在高轩曲水中独善其身，修身养性，追求"乐逸无忧患"的理想生活。糅杂于园林中的儒家与道家思想，使其具有淡泊名利、超然物外的哲思，体现精神层面的美与善。《园冶·屋宇》中写"堂占太史，亭问草玄"，将堂与亭两种极为重要的个体建筑与历史文化名人相联系，为建筑增添文化内涵，意为建堂有司马光高山景行的高尚品德之风，虚心前往博学高士扬雄的陋宅请教求学。园主的思想品德与精神文化在园林建造中也会有所体现，园中的楹联匾额是园主的精神世界的展现。文人士大夫深受儒家文化的熏陶，其高尚的道德品德与深厚的文化内涵在园林中也有所体现。江南园林中的高尚品格与精神内涵在沧浪亭中可窥见一斑，园内楹联题刻体现了沧浪亭特有的审美道德价值，是区别于其他私家园林的、别具一格的人文现象。沧浪亭在数次重修中，逐渐成为官吏反映政绩的载体，勉励着后继的官吏僚属躬身自省，造福百姓。来到园中瞻仰碑祠的人都能从中感受到先哲们高尚的道德品格，获得充盈的精神力量。"景行维贤"亦是沧浪亭的重要主题之一，亦是高尚的品格德行在园林中的具象化表现。园中的碑记厅刻有"景行维贤，鉴貌辨色"，五百名贤祠也以"景行维贤"为署额，五百多名贤哲之士悉列于兹，怀古追思，歌颂名贤的才德政绩。

美好的德行亦是"善"的一种表现，园林中的伦理价值给予人们道德精神方面的正向引导，用先哲的高尚气节与清廉德行以求"治道懋而风化兴"，实为道德层面的"善"。计成的向善化设计思维观还体现在《园冶·相地·郊野地》中"任看主人何必问，还要姓字不须题"，此处体现出园林的开放性，与"大冶理想"相呼应。立足于当代社会环境，可以体现出园林具有共享特质，园林原本是私人化的，但在计成心中的园林是可以供人"享用"，这何不是一种"行善"，在欣赏美景的同时，还可以与友人交流，产生友善。观赏园林被园林意境所启发，激励了更多的人追求美好，这种"共享"不仅仅是景色的共享，更是价值观的共享，园主不求回报，将善的思想与众人分享，对社会更是有积极的意义。古典园林的"共享"体现了计成的爱之"善"，普度众人、心系天下的崇高理想，且不拘束于当时尊卑的思想，是先进思想的体现。

四、"使大地焕然改观"——《园冶·题词》

计成的向善化设计思维观，体现在"大冶"理想，即使大地焕然改观，就如今看来，现在提倡的宜居环境正符合计成的"大冶"理想。计成之友郑元勋《园冶·题词》中云："予与无否交最久，常以剩水残山，不足穷其底蕴，妄欲罗十岳为一区，驱五丁为众役，悉致琪花瑶草、古木仙禽,供其点缀,使大地焕然改观,是亦快事,恨无此大主人耳!"

"使大地焕然改观"富含了计成"大冶"理想,计成通过心中预想,对现有环境进行改造,用适度的方式介入自然,创造适合的人居环境。《园冶》中所重视的不单单是为了满足人们居住的基本需求,更重视自然生态、精神文化的需求,由此,体现了计成以"大冶"理想为设计目的的宜居性。

《园冶》提供了不同环境下的设计方法,例如《园冶·相地·山林地》中写道:"园地惟山林最胜,有高有凹,有曲有深,有峻而悬,有平而坦,自成天然之趣,不烦人事之工。入奥疏源,就低凿水,搜土开其穴麓,培山接以房廊"。金学智先生曾以为:"计成包括大冶在内,力求物化的宜居环境理想,从总体上由高至低、由大而小,可相对地粗分为三个层级:大地园林、中型园林、小筑园林。"计成就不同场地、环境,提出不同设计方案,《园冶》"因地制宜"的思想观,同样是宜居性的体现。

基于驻点研究法的网师园多路径交汇处游人行为研究

丁绍刚* 刘雪寒 陆 攀

江南园林古时大多是私人的庄园别墅，是园主人日常生活和游憩的场所，如今成为具有文化遗产价值的公共旅游景区，功能性质发生了根本性转变，使用者由园主人变成旅游者，游赏行为也随之改变。

目前，有关游人行为的研究多关注较大地理尺度的景区及其旅行模式（travel pattern），针对中小尺度的旅游景区，尤其是传统园林中的游人行为研究较为匮乏。空间丰富且变化连续的中国古典园林被视为创建优美生活环境的综合艺术。园林中的交通连接体，即园中路径，成为园中景点间的联系纽带和园林游览的组织脉络。在各种形式的游赏空间中，游人活动通常集中于园林路径中的特殊"点"，即本文所述的"驻点"，也就是游人在游览过程中停止前进，进行驻足、休憩、观景之类的静态观赏活动时所在的特定位置。"驻点"可以是园林中的亭、榭、重要园路交叉口、园洞门，也可以是旅游景区中的栈道、赏景点或休憩场地等。其中，多路径交汇处，即3条及以上路径交汇处，是吸引游人驻留的重要驻点，游人在此处的选择会因空间环境的影响而有所差异。进行主要路径交汇处游人行为的研究，可探讨游人在园林景区中的路径选择倾向及其影响因素，进而为深入研究、优化旅游线路设计和客流量引导提供理论依据，也可为确立更为科学的景区舒适度指标等提供参考。

1 研究对象及研究方法

1.1 研究对象的选择

网师园面积近10亩（约6 666.67平方米），是苏州园林中仅有的一座住宅与花园均保存较为完整的私家园林。该园文化内涵深厚、造园布局精致，富有典雅的园林气息，园地布局紧凑，小中见大，空间尺度比例协调，陈从周誉之为"小园极则……是以少胜多的典

---

* 作者简介：丁绍刚，南京农业大学园艺学院风景园林学科负责人；农业农村部景观设计重点实验室，教授。研究方向为风景园林规划与设计、基于数字技术的风景园林量化。

原文发表于《中国园林》，2021,37(7):55-59。

范",是江南私家园林的经典代表。网师园园地面积和游客数量适中,游客年龄层次分布全面,实验可行性大、研究价值高。因此,本文以网师园作为研究对象,选取其中10个典型的多路径交汇处(图1):NB1(轿厅)、NB5(撷秀楼)、NC47(竹外一枝轩)、NC31(方亭)、NC6(网师小筑外)、NV27(月到风来亭曲廊)、NC44(看松读画轩东侧曲廊)、NC50(云窟外亭子)、NR72(小山丛桂轩西侧曲廊)和NV23(濯缨水阁前走廊)进行研究。这些点位于园林景区主要的游赏线上,是决定游人游赏方向的重要点,其中,NB1、NB5虽位于建筑内部,但存在由建筑空间转向园林空间的路径。NC31、NC44、NC50为空间转换处:NC31为临水建筑,通过射鸭廊到达此处,空间变得开阔,同时又是撷秀楼建筑内部空间与园林空间的转换处;NC44、NC50是连廊空间、建筑内部空间与后院园林空间的转换处。

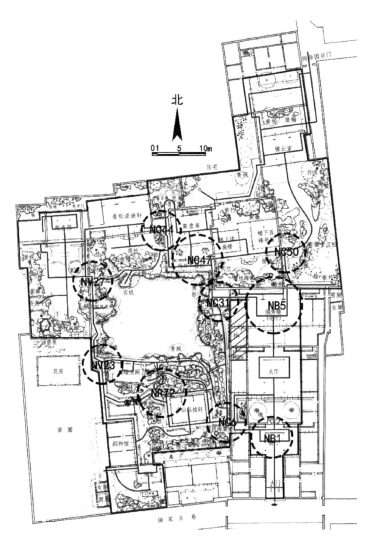

图1 网师园多路径交汇处平面分布

1.2 研究方法

网师园相较于留园等其他园林景区,非工作日游客数量相对较多且游客年龄层全面,游客数量规模更适宜统计工作的开展。选择春季的非工作日 2016 年 4 月 30 日(周六,晴)进行数据收集,运用视频采集游人影像,通过视频回放研究网师园多路径交汇处游人行为,探究游人路径选择行为规律与心理特征。

由于工作量巨大,同时为保证数据的全面性、随机性与准确性,选取 10:40—11:00、12:10—12:30、14:30—14:50 3 个取样时间段各 20 min 进行计数统计。

2 结果与分析

2.1 游人行为记录

对上述时间段内游人行为进行记录并做出分析,结果汇总如表 1 所示。

表 1 多路径交汇处游人路径选择

驻点编号	相应平面图(均为上北下南)及对应视频画面	不同方向路径选择结果
NB1		AB:51, AC:7, BA:55, BC:70, CA:8, CB:28 分析:从 B 入园的大部分游人选择 BC 方向进行游园,说明游人更偏向于沿着建筑空间序列进行参观
NB5		AB:19, AC:5, BA:12, BC:77, CA:3, CB:58 分析:从 B 方向出园的游人大部分从 C 前来,由 B 进入撷秀楼到达空间转换点,绝大多数游人选择 BC 方向,表明从 B 方向来的游人倾向于保持原来的游园方向(北)继续游园

(续表)

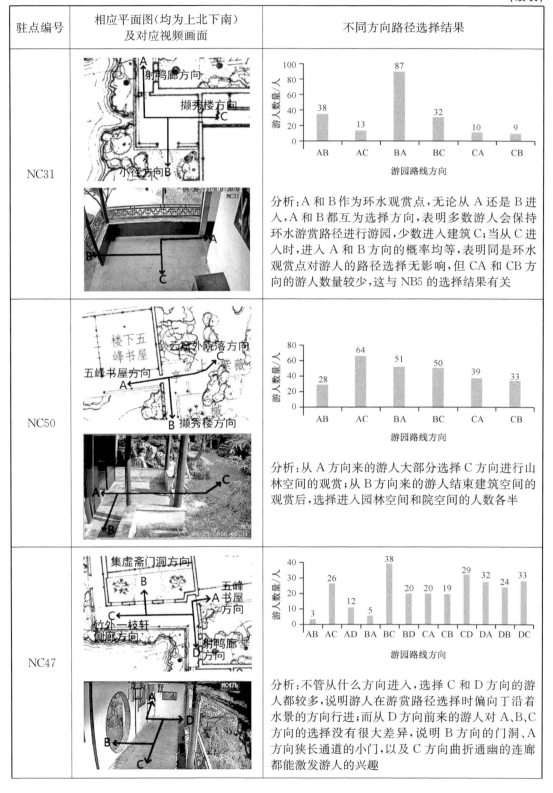

(续表)

驻点编号	相应平面图(均为上北下南)及对应视频画面	不同方向路径选择结果
NC44	集虚宅后院方向 C 看松读画轩方向 A 连廊方向 B	游人数量/人: AB 7, AC 30, BA 54, BC 27, CA 27, CB 9 分析:BA方向的游人数量是CA方向游人数量的2倍,表明前往水景方向的游人数量较多;从C方向前来的游人多数选择去往A方向而不是B,可能是该空间处于空间转换处,而连廊方向视线通透,对游人的吸引力较弱
NC6	方景方向 C 小山丛桂轩方向 A 垂丝海棠 B 网师小筑出口	游人数量/人: AB 60, AC 26, BA 76, BC 53, CA 13, CB 32 分析:从B游赏结束后,从A出的游人比从C出的游人多,表明A方向的游人对路径的选择起到了引导作用
NR472	假山洞方向 E 濯缨水阁 D 假山方向 曲廊方向 A C 假山南侧小径方向 小山丛桂轩方向 B	游人数量/人: AB 34, AD 3, BA 56, BD 6, CA 14, CD 16, DA 13, DC 5, EA 15, EC 8 分析:从D来的游人多数选择去E,从E来的游人也多数选择去D,表明假山洞和假山之间空间的连贯性较强,且假山对游人的吸引力更强;从A来的游人多数选择去B,从B来的游人也多数选择去A,表明A和B之间的连廊空间具有明显的引导性

(续表)

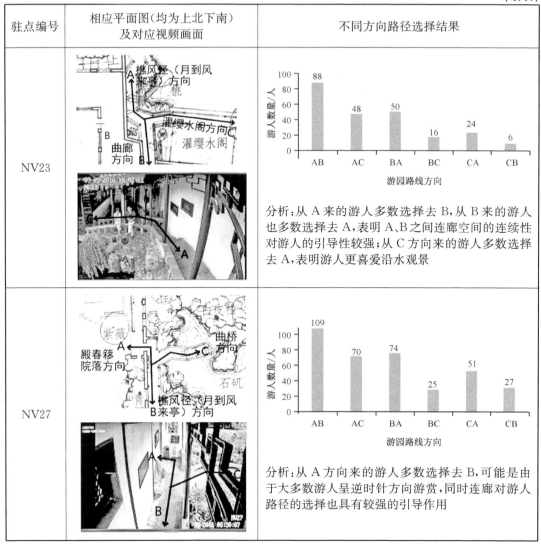

2.2 游人行为分析

2.2.1 游人主要游赏路线

提取表1中建筑游赏序列、园林游赏序列中游人对于路径的选择模式，绘制出游赏路线示意图(图2)。

由图2可知，游人在南北向住宅建筑序列中，有3个多路径交汇处。第一处是由网师园入口轿厅进入后，游人通常舍弃网师小筑，而选择进入万卷堂、撷秀楼方向，说明多数游人在游赏开始时并非选择园林游赏区，而是以南北轴线明显的住宅建筑序列为游赏顺序。第二处，87%的游人到撷秀楼后未进入方亭，而是选择云窟外院落方向，说明到此处时游人依旧延续轴线式游赏路径序列。第三处，游人到达云窟外亭子便形成2种主要路径选择方式，分别是由五峰书屋行进至竹外一枝轩，以及延续建筑空间序列进入云窟外院落。由此得出，游人进入网师园后选择的主要游赏序列为：轿厅(入口)—万卷堂—撷秀楼—云

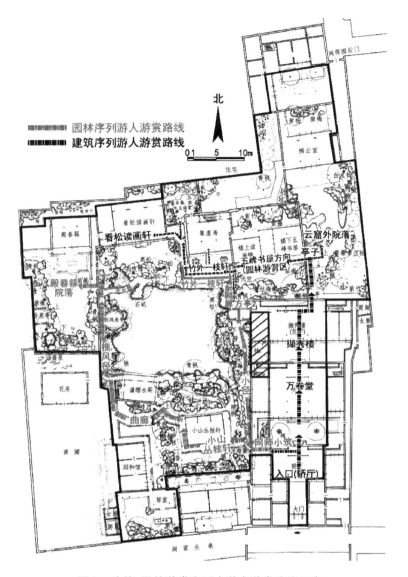

图2 建筑、园林游赏序列中游人游赏路线示意

窟外亭子—云窟外院落或五峰书屋(园林游赏区)。顺着五峰书屋方向的游人进入竹外一枝轩后,主要游赏序列为:竹外一枝轩—看松读画轩。

在入口轿厅,除去选择万卷堂方向的游人,另一部分游人的游赏序列为:网师小筑—小山丛桂轩—曲廊—樵风径—殿春簃院落,即由网师小筑进入园林游赏区。从侧廊方向进入竹外一枝轩的游人,主要沿竹外一枝轩—方亭—小径—网师小筑的序列进行游赏。游人对这2条游赏路径选择的偏好显示,由一系列连廊形成的通道式空间会产生明显的路径方向引导作用,使游人在进行路径方向选择时,受到强烈的心理暗示。

由图2分析可知,游人若以建筑序列进行游赏,则会以逆时针方向游园;若入园之后进入园林游赏区,则多数游人以顺时针方向游园。根据视频数据中各多路径交汇处不同路径方向选择的人数比例和入园125人的初始数据,可计算游园人数中逆时针游园和顺时针游园所占的比例(图3)。

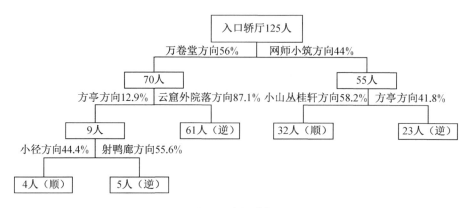

图3　路径选择

入园的125人中,有70人进入建筑序列,选择万卷堂方向;进入撷秀楼后9人选择方亭方向,61人选择云窟外院落方向;方亭处进入小径4人,进入射鸭廊5人。以建筑序列开始游赏的游人中,66人逆时针游赏,4人顺时针游赏;另外55人选择网师小筑方向进入园林游赏区,32人前往小山丛桂轩方向(顺时针游园),23人前往方亭方向(逆时针游园)。由此可知,网师园中逆时针游园人数共89人,占总人数的71.2%,表明游人在景区游览时偏好逆时针游赏。

经过深入分析发现,上述研究中"多数游人逆时针游赏"特征与网师园的功能空间布局是相契合的。网师园"构园得体",主要分为以水景为中心的主景区和以建筑为主的住宅建筑区。住宅建筑区按其功能不同又分为东南部的会客办公区、东侧中部的生活居住区、北侧的书房建筑区及南部的宴会庭院区。游人由入口轿厅处进入网师园开始游赏,大多会被建筑的序列空间所吸引而渐次行进,可逐层了解园主人的生活、起居情况,然后再由宅入园,由暗至明,由室内而至室外,豁然开朗。由东部建筑序列空间逐渐过渡到室外园林空间的过程,也体现了传统三进归家的礼仪模式,增强了整个游赏过程的乐趣。

2.2.2　路径转换与对应空间类型的关系

在多路径交汇处,不仅路径行进方向会发生改变,而且路径所属的空间类型也可能产生变化。在不同类型的空间中,路径相似度是有差异的。提取表1中在10个多路径交汇处的游人路径选择模式,并将其标注在平面图上,同时注明路径转换所对应的空间类型(图4)。

表2为路径转换对应的空间类型相似度判断。其中,建筑室内空间(NB)为封闭空间;独立连廊空间(NV)、建筑连廊空间(NC)为半开敞空间;平台空间(NP)、山林空间(NR)为开敞空间。

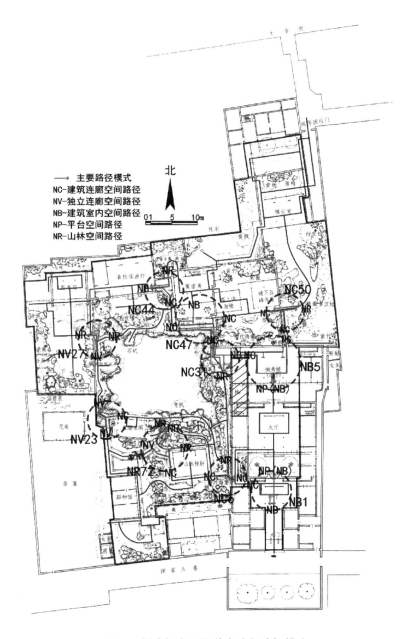

图 4　多路径交汇处游人路径选择模式

表 2　路径转换对应的空间类型相似度

起始点路径空间类型	经入点路径空间类型	路径数量/条	空间类型相似度
NC	NC	7	高
	NP(NB)	4	中
	NR	3	较低
	NV	2	中

(续表)

起始点路径空间类型	经入点路径空间类型	路径数量/条	空间类型相似度
NP(NB)	NC	4	较高
NP(NB)	NP(NB)	2	高
NP(NB)	NR	1	低
NP(NB)	NV	0	较低
NR	NR	4	高
NR	NC	3	较低
NR	NV	1	较低
NR	NP(NB)	1	低
NV	NV	2	高
NV	NC	1	中
NV	NR	1	较低
NV	NP(NB)	0	中

在10个多路径交汇处，游人路径选择模式中不同的路径转换对应空间类型的相似度如表3所示。

表3 多路径交汇处主要路径模式中路径空间性质变化统计

路径转换空间类型	相似度	原因
NC-NC、NR-NR、NP(NB)-NP(NB)、NV-NV	高	为同种空间类型
NP(NB)-NC、NP(NB)-NV、NV-NC	中	建筑空间、连廊空间同属于建筑形式空间
NC-NR、NV-NR	较低	连廊空间与山林空间的空间异质性较大
NP(NB)-NR	低	建筑室内空间与山林空间的空间异质性很大

由表2可知，游人在游赏路径选择中，以NC为起始点，"经入数量"（指游人经过和进入停驻的数量）最多的路径空间类型是NC；以NP(NB)为起始点，经入数量最多的路径空间类型是NC，其次是NP(NB)；以NR为起始点，经入数量最多的路径空间类型是NR；以NV为起始点，经入数量最多的路径空间类型是NV。

结果表明，在路径转换处，游人面对多种空间类型路径，通常会选择起始点与经入点所属空间类型较为相近或相同的路径，说明游人在游赏中倾向于选择空间类型一致或相似度高的路径，潜意识中保持了空间路径的持续性和空间变化的连贯性。

需要指出的是，空间类型相似度较低的NC-NR、NR-NC的分布数量较多。通过对这2种路径选择模式的进一步观察可知，6条路径模式中的5条都处在空间转换处（NC31、NC44、NC50）。说明当游人处于空间转换处时，面对不确定的空间变化，通常会选择空间异质度高的路径，以此打破路径变化的稳定性，体验空间形式发生巨大变化带来的戏剧感。

3 结论与讨论

多路径交汇处是影响游人路径选择的关键点,游人在此处的选择因受到空间环境及行为心理的影响而不同。通过对多路径交汇处游人游赏行为的定量研究,可探讨游人在园林游赏中倾向的路径选择,以及对选择产生影响的吸引要素,进而为相关景区的游线设计提供理论依据。如可以通过设置轴线感强烈的建筑序列和连廊,或是空间类型相似度高的路径延续空间变化的连贯性;利用大门、山洞等未知空间,让游客产生好奇心;在空间转换处,设置空间异质度高的路径,对游客游赏路线选择进行引导等。

多路径交汇处的游人行为研究还可以深入了解景区内游人的主要流向。本文研究结果显示,网师园内71.2%的游人呈逆时针游赏。根据网师园提供的实时在园人数可知,一天的实时客流量高峰值在上午、下午各出现一次,低谷值出现在中午,游人时空分布不均衡(图5)。在高峰期时段大量游人逆时针游赏势必会导致游园舒适度下降,可以采取如下措施加以优化。

图5　2016年4月30日网师园实时在园人数

(1) 以手机智能平台为依托,构建园林景区内游客时空分流体系,从而实现游人和景区间的实时互动。游人可以及时了解景区内部各个景点的游览现状,从而根据自己的意愿选择合适的游览路径。

(2) 人流高峰期间,在入口等多路径交汇处设置顺时针方向线路的提醒设施,团队游的导游也是实施错峰游赏、实现游人在景区内平衡分布的关键。

(3) 在高峰时期对于部分热门景点推行门票预约制度,游客可以按照自己的预约时序入园参观。

(4) 针对景区内知名度低、对游人吸引力不足的景点,可以通过文化内涵植入、环境改善等方式提高其吸引力,从而缓解游人高度集中区域的客流压力。本研究可为相似景区的游人行为研究、景区管理等提供有益参考。

注:文中图片均由作者绘制或拍摄。

参考文献

[1] 丁绍刚,杨赟,刘璎瑛,等.基于游人游赏行为的留园驻点分布规律研究[J].中国园林,2018,34(7):116-122.

[2] BEECO J A, HUANG W J, HALLO J C, et al. GPS tracking of travel routes of wanderers and planners[J]. Tourism geographies: an international journal of tourism space, place and environment, 2013, 15(3): 551-573.

[3] HUANG X T, WU B H. Intra-attraction tourist spatial-temporal behaviour patterns[J]. Tourism geographies: an international journal of tourism space, place and environment, 2012, 14(4): 625-645.

[4] 章采烈.中国园林艺术通论[M].上海:上海科学技术出版社,2003:20-24.

[5] 王祖祥.浅谈园林景观中的脉络:园路[J].安徽林业,2005,31(6):25.

[6] 刘敏楠,汪松陵,丁绍刚,等."驻点"游人日时空分布对旅游舒适度的影响:以网师园为例[J].中国园林,2019,35(9):129-134.

[7] 童明.眼前有景 江南园林的视景营造[J].时代建筑,2016(5):56-66.

[8] 黄潇婷.基于时空行为研究的旅游时间规划理论思考[J].旅游学刊,2013,28(9):10-11.

[9] PEARCE D G. Tourism today: a geographic analysis [M]. Harlow, UK: Longman Scientific & Technical, 1995: 37-40.

[10] 杨新菊,吴晋峰,唐澜,等.旅华外国散客旅游流地理分布和网络结构研究[J].旅游学刊,2014,29(5):87-96.

[11] 李志飞,夏磊.中国特殊时段旅游流时空分布特征研究:以"十一"黄金周为例[J].旅游学刊,2013,28(10):37-46.

[12] 杨敏,李君轶,杨利.基于旅游数字足迹的城市入境游客时空行为研究:以成都市为例[J].旅游科学,2015,29(3):59-68.

[13] 苟思远,李钢,张可心,等.基于自媒体平台的"旅游者"时空行为研究:以W教授的微信"朋友圈"为例[J].旅游学刊,2016,31(8):71-80.

[14] 黄潇婷.基于时间地理学的景区旅游者时空行为模式研究:以北京颐和园为例[J].旅游学刊,2009,24(6):82-87.

[15] 黄潇婷,马修军.基于GPS数据的旅游者活动节奏研究[J].旅游学刊,2011,26(12):26-29.

[16] 黄潇婷,李玟璇,张海平,等.基于GPS数据的旅游时空行为评价研究[J].旅游学刊,2016,31(9):40-49.

新时代苏州园林承传与创新

——2019工程哲学与园林古建文化主题论坛综述

苏州太湖智库

2019年12月13日,由中国工程院工程管理学部,中国工程院土木、水利与建筑工程学部指导,苏州市园林和绿化管理局主办,苏州市天堂美景观绿化工程有限公司、苏州太湖书院等单位承办,江苏省苏科创新战略研究院文化创新与工程研究中心、苏州农业职业技术学院、苏州科技大学等单位协办的新时代苏州园林承传与创新研讨会在苏州太湖书院举行。此次论坛上,"太湖书院非遗古建馆""江苏省苏科创新战略研究院文化创新与工程研究中心""苏州科技大学马克思主义学院哲学硕士点文献中心"揭牌。苏州市副市长吴晓东,中共中央党校战略哲学教研室主任任俊华,江苏省住房和城乡建设厅副巡视员章小刚,中国风景园林学会副理事长、江苏省风景园林协会会长王翔分别致辞。中国工程院院士殷瑞钰,中国工程院院士何镜堂,苏州市园林和绿化管理局调研员周祺林,中国建筑学会秘书长李存东,中国自然辩证法研究会原副理事长兼秘书长、太湖书院山长丘亮辉,江苏乾宝科技发展集团有限公司董事长、太湖书院理事长王跃程等专家学者围绕"新时代苏州园林承传与创新"主题作报告。来自古建筑设计、工程哲学、园林修复建造等领域的专家和学者80余人参加了论坛。论坛促进了工程哲学的理论研究与工程实践深入对话,共同探索苏州园林传承发展的有益途径,产生了一批富有建设性的成果。

一、从哲学的视角"看"园林

一是用工程哲学的理念和方法研究园林的承传与创新。21世纪初,工程哲学在东方、西方同时兴起,中国学者和欧美学者分别独立地进行了探索、开拓,形成了不同风格。十多年来,以殷瑞钰等为代表的专家队伍,全心致力于工程哲学的开拓性研究,形成了中国学派。殷瑞钰认为,苏州园林的建造是工程实践的活动,工程的本质是造物,是直接的生产力,是创造财富、改变世界、重塑世界的活动。"园林工程本身也具有很多含义,艺术、人文、社会和谐,甚至是为民造福,含义诸多,这其中也蕴含着一系列的哲学问题。"他认为从工程哲学的角度来进一步分析苏州园林,是一种全新的尝试,甚至对于发扬姑苏文化、园林文化,都有着创新意义。江苏乾宝科技发展集团有限公司董事长、太湖书院理事长王跃程认为随着国家"一带一路"倡议的提出、人类命运共同体的构建、长江三角洲区域一体化发展战略的实施,园林古建产业发展面临新机遇和新挑战,要用东方哲学的智慧和工程思维进行科学规划、系统推进、有序合作,主动引领中国园林产业发展,彰显苏州园林的特色。建设高质量的园林产业联盟,形成具有竞争优势的园林古建产业生态圈。并发出了"让世界了解苏州园林,让苏州园林走向世界"的倡议。

二是用易学的思维探究园林建设理念。中国自然辩证法研究会原理事长兼秘书长、太湖书院山长丘亮辉认为,苏州园林建造的理论支柱是易学、营造学、园林学,即造园的理念、规划设计、工艺方法。而趋利避害、崇尚和谐、追求太平、天人合一是易学的理念,是中华文化各个领域包括园林文化的核心与灵魂。新时代的传承,不仅要传承苏州园林高超的造园技艺,更要在园林的修复开放中,对其背后的造园理念和规划设计予以探索和展现。中共中央党校战略哲学教研室主任任俊华表示,随着"一带一路"建设的推进,城市建设、规划设计、园林景观、花卉苗木等行业迎来了新的发展机遇。要充分运用易学思维和工程思维,激发我国园林产业走出去的实力和潜力,推动园林产业高质量发展。在易学"生生"思维与"一带一路"的园林推广方面,任俊华指出,《周易》的生态哲学以"生生之谓易"的生命哲学为根本,以"天人合一"的整体生态观为核心,主张人类主动地顺应、遵循天地的"生生"之道。园林企业的"一带一路"推广,承续着中国文化的传承和创新精神,同时也肩负着树立中国企业形象和弘扬中国优秀道德文化的光荣使命。

二、传统与现代相结合"造"园林

长期从事建筑设计、教学和研究工作的何镜堂院士,建构了"两观三性"的建筑创新理论,即建筑要有整体观和可持续发展观,建筑创作要体现地域性、文化性、时代性的和谐统一。何镜堂认为,建筑不是空中楼阁,所有的建筑都必须和当地地域特征相契合,有些建筑能留存几百年,靠的是文化价值,而不是功能价值。苏州园林的建设一定和社会环境、科学建筑理念有联系,需要理论与实践相结合。传统是人类应对自然和社会严峻考验过程中积累的宝贵文化财富,也是我们从事创作的源泉与根本,离开了传统就会迷失方向。推动文化的发展,基础是继承,关键是创新。建筑创新既反映当今人类的先进思想、观念,以及新材料、新技术的吸收和应用,同时也要结合国情,贯彻适用、经济、绿色、美观的建筑方针,以人为本、因地制宜,坚持建筑的本体结合自己的历史传承、区域文化、时代要求,创作有中国文化和时代精神的新建筑。

东南大学的王静教授提出,现代建筑应借鉴学习苏州园林的建筑方法,将园林元素、建造智慧、艺术气质融入现代民居建造,使园林在现代生活中实现"活化"重现,形成风格文化的延续。

香山帮传统建筑营造技艺国家级代表性传承人陆耀祖认为,传统的古典建筑及园林迎来了新时代,特别是自苏州园林被列入联合国教科文组织的世界文化遗产名录以来,其知名度和影响力加速向国内外扩散;同时传统的营造技艺尚不能完全满足世界各地的需要,在现有传承法式上,新材料、新技术必然进入古典建筑以及园林建造的结构中,这样就形成了传统做法与现代技术的广泛结合。他以自身参与的常州文笔塔修复工程,结合中美两国技术建造的"兰苏园"为例,阐述了传统与现代技术相结合建造修复园林的重要性。

三、加大对外开放,培养专业人才"推"园林

苏州市园林和绿化管理局调研员周祺林表示,苏州是全国著名的历史文化名城、重要的风景旅游城市,这与苏州园林的存在有着不可分割的关系。园林记载了苏州灿烂的历史文化,其历史风貌是苏州整体形象的有力体现。因此,苏州应在加强对园林群体性保护的基础上,加大园林对外开放的力度,扩大对外开放的范围,推动园林文化得以广泛地传播和充分地展现。同时,积极发挥苏州园林的品牌效应和龙头作用,打造传统特色活动,活态传承园林文化,丰富群众精神文化生活。

苏州香山工坊建设投资发展有限公司总经理、苏州市香山帮营造协会常务副会长兼秘书长许建华讲述了香山帮的历史与传承,认为香山帮营造技艺有色调和谐、结构紧凑、制作精巧、布局机变等特点,并制作了香山帮的传承谱系,通过创立香山帮营造协会、创办香山职业培训学校、成立香山工匠学院,为园林古建专业培养人才,把苏州园林推广到全世界。

南京大学教授刘畅唱从承担的国家自然科学基金重点项目和管理学的视角出发,报告了对香山帮的研究,她表示工匠身上有大量的隐性知识,但是想要提升到专业知识就一定要把大量的隐性知识变成抽象的专业知识、显性知识,跟已有的学科进行交叉和融合,才能更好地推动香山帮所代表的传统古建筑行业专业化管理,为该行业培养更多的专业人才,推动园林古建的承传与创新发展。

关于苏州园林承传和创新的两点意见

丘亮辉

苏州园林是中国园林的代表,是中国古代工程智慧与优秀传统文化相融合的结晶。苏州古典园林的历史可上溯至公元前6世纪春秋时期吴王的园囿,私家园林最早见于记载的是东晋(公元4世纪)的辟疆园,历代造园兴盛,名园日多。明清时期,苏州成为中国最繁华的地区之一,私家园林遍布古城内外。16—18世纪全盛时期,苏州有园林200余处。

中国园林理论的三大支柱是易学、营造学和园林学。易学是道,是理念,是灵魂;营造学是战略,是规划,是设计;园林学是术,是工艺,是方法,是建造。

事实上,中国古代建筑从民居到皇宫的营造理念,都与易学密切相关。《大清会典》就明文规定:"凡相度风水,遇大工营建,钦天监委官,相阴阳,定方向,谘吉兴工,典至重也。"趋利避害,求生存,谋发展,崇尚和谐、追求太平、天人合一是易学的理念,是中华文化各个领域包括园林文化的核心与灵魂。

笔者就苏州园林的承传和创新提出两点意见。

第一,关于苏州园林的承传问题,从现代工程哲学看,易道是园林的基本理念,贯穿于园林建造的始终,是园林成败的决定因素;营造学是园林工程科学、园林发展战略,决定园林的方向;园林学是园林技术,是园林的建造方法,是园林建造的规程和手段。因此,中国园林的承传既要承传园林的技术和方法,更要延续建造园林的战略规划乃至园林的理念。

我们看到园林的建造物,却不容易看到园林建造的规划和理念。留园始建于明万历二十一年(1593年),为太仆寺少卿徐泰时的私家园林,我们看到了留园,看不到当时选择、建造留园的理念和规划。我们承传留园不能仅仅承传留园的建筑物,更重要的是要承传留园的营造理念和战略。留园的营造理念是要建造一个园主人在奋斗拼搏以后回家休整的场所,这个场所要有一家老小生活的环境,要有读书反思、朋友聚会的交流场所,还要有休闲养生的花园。目前留园的理念已经异化为公众游乐的古迹,所以古人的家居、书房、会客场所都转化为茶室、商店,可谓面目全非了,更不可能知道当时留园的建造理念了。正像我们常常看到天安门的华表,但是很少人知道华表的"相阴阳,定方向,谘吉兴工"的作用了。所以我希望承传苏州园林的时候,除了承传园林的技术,还要特别注重承传园林的理念和战略规划等文化思想。苏州园林的文化思想,就是趋利避害的营造理念,相形取胜、辨方正位、相土尝水、藏风聚气的选址战略。罗哲文先生说园林古建筑的三个价值是历史价值、艺术价值、科学价值;园林古建筑四方面的作用是激发爱国热情和民族自信心的实物,研究历史科学的实物例证,新建筑设计和新工艺创作的重要借鉴,人民文化游息的好场所,是发展旅游的重要物质基础。

第二,关于苏州园林的创新问题。工程哲学认为,科学是以真理为导向的发现,追求精确性;工程是以造物为导向的建造,工程建造因时因地因事因人而不同,具有个性。具体到园林来说,每一座园林都有独到的创新之处,即使一百座园林也没有一座是相同的,苏州就是百园之城,每园都有创新。

在我国的创新活动中,工程创新是主战场。工程创新的特点是集成创新,以渐进创新为主,激进创新为辅。因此古建园林的创新要求古代园林营造学与现代建筑学集成,要求在承传中渐进创新,集诸多渐进创新为激进创新,甚至要用跨学科研究园林的方法实现激进创新。

罗哲文对苏州园林的基本看法是*:

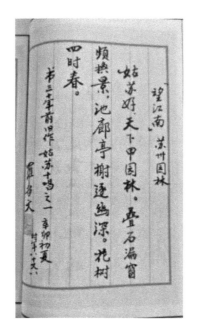

引者稍做修改为:姑苏园林甲天下,叠石漏窗频换景,池廊亭榭逐幽深,造景花树四时春。实际上,建造苏州园林的原材料是砖、石、木、瓦、灰,这是基本不变的,现在也有一些与时俱进的变化,例如把灰浆变成水泥,有时还要加上钢筋;园林的基本元素是:小桥流水、亭台楼阁、水榭假山、廊园花草。根据理念和环境的不同,用这些材料和元素的创意、选择、建构、集成、优化形成美丽的园林,千变万化,美不胜收。

---

* 图片中的文字是:"《望江南·苏州园林》:'姑苏好,天下甲园林。叠石漏窗频换景,池廊亭榭逐幽深,花树四时春。'书三十年前旧作'姑苏十唱'之一,辛卯初夏,时年八十又八。罗哲文。"

苏州博物馆是贝聿铭的"封山之作",成为苏州园林继承与创新、传统与现代完美融合的典范和标志性建筑。贝聿铭另辟蹊径,用现代工艺打造了一幅立体山水画。巧妙利用了苏州博物馆与拙政园之间的一堵围墙,以壁为纸,以石为绘,巧妙堆叠,形成一幅水墨山水画。

图1　苏州博物馆山水景墙

以太湖书院的易园来说,一般是在园林里建房子,而业主王跃程和设计师吴昊因为环境较小,就把易园建在房子里;为了扩大视野,一般园林造假山,由于业主要建地下车库,设计师就把假山造在地下,形成一个下沉式的结构,扩大了易园的空间视角。这就是根据理念和环境的不同进行创新的结果。

可见,创新发轫于理念和环境的变迁。健康城市、宜居城市、旅游城市、中心城市、文化城市、生态城市的理念不同,因而园林的创新不同;中国、外国、"一带一路"的环境不同,创新也是不同的。

总之,新时代苏州园林的承传与创新,要在习近平新时代中国特色社会主义思想指导下,立足当代、面向未来,以现代易学的智慧和工程哲学的最新理论促进苏州园林的科学化和现代化。

保护传承苏州园林传统智慧,助力苏州建设城乡绿色一体化公园城市

施嘉泓*

各位领导、各位专家,朋友们:

大家上午好!很高兴来参加第三届新时代苏州园林承传与创新研讨会,与各位风景园林、城乡规划领域的专家、学者一起,共同探讨"保护传承苏州园林传统智慧,助力苏州建设城乡绿色一体化公园城市"这个话题。在此,我向参加本次论坛的各位嘉宾表示热烈的欢迎,对长期以来关心苏州园林保护传承、苏州历史文化名城保护和城乡建设发展的各位领导和专家表示衷心的感谢。

苏州是我国首批国家历史文化名城,具有2500多年的建城史,城市面貌始终保持着水陆并行、河街相邻的双棋盘格局以及小桥流水人家的古雅风貌。苏州也是举世闻名的园林之城,苏州园林写意自然、富于变化、精雅入画的造园手法,模山范水,展示了"咫尺之内,再造乾坤"的杰出智慧,体现了中国传统文化追求天人合一的哲学境界,更凝聚了苏州古代匠人巧夺天工般的精湛技艺,成为富有生境、化境和意境的理想人居环境,为我们当代构建生态宜居公园城市提供了传统文化的滋养。

苏州历届市委、市政府高度重视古典园林的保护与传承工作,先后修复了一大批古典园林,尤其是在党的十八大以来,苏州深入贯彻习近平总书记关于加强历史文化遗产保护的重要论述和指示,全面实施苏州园林群体性保护工作,先后公布了四批《苏州园林名录》,一共108处;开展了新中国成立以来第三次大规模的古典园林保护修复工作,圆满完成了12处园林的修复和保护工作。同时积极推进苏州园林造园艺术融入城市建设,园林的典雅韵味正在更加深刻、全面地影响着苏州城市品质。

当前苏州正在深入学习贯彻党的二十大精神,按照习近平总书记对于建设公园城市的要求,积极推进高水平城乡绿色一体化发展的公园城市建设,我市出台了《苏州市"公园城市"建设指导意见》,将依托于良好的资源禀赋、完善的城市绿化功能和深厚的园林文化底蕴,全面构建城乡一体化公园体系,彰显苏州园林遗产价值,打造"公园+"舒适生活典

---

* 作者简介:施嘉泓,江苏南通人,建筑学学士学位,城市规划师。现任江苏省苏州市人民政府副市长。

范,把太湖边、园林里、水乡情"处处皆景,城在园中"的美好愿景变为现实,以特色公园城市高品质服务人民群众对美好生活的追求。

苏州公园城市的建设需要汲取古典园林的传统营造智慧,需要深入贯彻落实新发展理念,更需要相关领域的专家领导共同关注,并为之出谋划策。今天的研讨会聚焦园林保护传承与公园城市建设,关注苏州古典园林如何在构建特色公园城市中实现创造性转化和创新性发展,具有时代意义。在此,希望各位专家学者为保护传承苏州园林文脉,为苏州高质量建成公园城市提出更多真知灼见,最后,预祝本次研讨会取得圆满成功,衷心祝愿各位领导、各位专家、各位嘉宾身体健康、工作顺利、生活幸福。谢谢大家。

古典园林在新时代的保护传承和公园城市建设

于 春[*]

王翔理事长、章小刚会长、各位专家和同行：

大家好！很高兴受邀来参加第三届新时代苏州园林承传与创新研讨会，与各位同行共同探讨"古典园林在新时代的保护传承和公园城市建设"的话题，受陈浩东副厅长的委托，我代表江苏省住房和城乡建设厅对本次研讨会的成功举办表示热烈的祝贺，也借此机会，感谢各位专家和同行对江苏园林事业的关心和支持。

党的二十大报告指出，要坚持创造性转化、创新性发展，传承中华优秀传统文化，满足人民日益增长的精神文化需求。江苏自古人文荟萃，孕育发展了独具特色的园林艺术与文化。有拙政园、留园等9处古典园林被列入世界文化遗产名录，成为人类共享的文化遗产和艺术珍品。当代江苏一直致力于建设人与自然和谐共生的美丽家园，持续推动人居环境的改善、园林文化的传承发展，率先实现国家园林城市设区市全覆盖，国家生态园林城市数量全国第一。连续举办了11届江苏省园艺博览会，搭建了平台，传播园林文化的精粹，推动传统园林的当代传承与创新，这些都是展现园林时代价值和魅力，推动园林传承与创新发展的生动实践。

苏州是全国乃至世界久负盛名的园林城市，10处世界文化遗产古典园林，有9处在苏州。近年来，苏州在古典园林的保护传承，特别是活化利用、当代创新等方面，取得了显著的成效，在全国率先实现了国家生态园林城市设区市全覆盖，并在此基础上积极探索建设公园城市，实施"天堂苏州·百园之城"工程，将108座古典园林纳入名录保护体系；推动古典园林数字化，创新开展全景数字模型建筑等的应用，推进拙政问雅、浮生六记等系列园林夜游研学游览活动，营造沉浸式游园体验，推动古典园林和当代生活文化艺术的融合创新。这些系列举措都体现园林的可行、可享、可游、可居，展现了自然的融合、文化的追求、生活的乐享和空间的表达。

当前，苏州在建设公园城市的构想中，紧密依托丰富的古典园林资源，充分展现世界遗产的价值，建设具有苏州特色的公园城市。相信苏州能在这些方面积累丰富的先行经验，为全省树立标杆。本次研讨会的主题贴近时代需求，相信各位专家同行的真

---

[*] 作者简介：于春，江苏省住房和城乡建设厅园林绿化处处长。

知灼见,能够为我们提供专业的智慧,也希望在行业和社会的共同努力下,未来能够有更多的传统园林走入日常生活,成为美好生活的空间。也希望未来有更多既融合传统文化又体现时代特征的园林精品,成为明天的文化景观、大众的精神家园。最后,预祝本次研讨会取得圆满成功,也祝愿各位嘉宾领导和专家同行身体健康、工作顺利,谢谢大家。

在第三届苏州园林承传与创新研讨会开幕式上的致辞

王 翔[*]

各位来宾,各位朋友:

大家上午好。今天,第三届新时代苏州园林承传与创新研讨会在苏州召开,在此,我谨代表江苏省风景园林协会,对本次活动的举办表示热烈的祝贺,对各位来宾、各位朋友的到来表示热烈的欢迎。

新时代苏州园林承传与创新研讨会已经召开了三届,对促进苏州园林文化的发展交流具有积极意义。会议每次都有一个主题,本次研讨会主题的关键词是"美丽宜居和公园城市建设"。美丽宜居城市,不仅是人们向往的生活家园,也是记住乡愁的精神寄托。当今,用时代精神传承、弘扬中国优秀园林文化,构筑遵从自然、绿色发展的美丽宜居城市,推动中华优秀传统园林的创造性转化和创新性发展有着重要的现实意义。

中国园林历史悠久、成就辉煌,是中华优秀传统文化的重要组成部分。江南园林久负盛名,是中国园林的杰出代表,在世界园林艺术史中独树一帜。江苏现存有古典园林324座,其中经典的古典园林有62座,且半数以上位于苏州。以苏州园林为代表的江南园林被列入世界文化遗产名录,是人类珍贵的文化绘本。

2022年,江苏重视优秀传统文化的传承弘扬,将古典建筑与传统园林营造技艺的传承列入重点传统文化基层工程之一,推动江苏园林文化的历史继承与发展。"公园城市"这一全新理念是城市高质量发展的新范式,将园林绿化与城市各类建设融为一体,营造更加生态优美宜居的城市环境,提升城市的发展品质。

近年来,苏州在建设实践中,结合城市更新,汲取传统园林文化和建造技艺的经验智慧,恢复建设了一大批城市历史公园,并以此和公共绿地为基础,发展建设了众多提升公众生活品质的口袋公园和小微绿地,营造居民便捷可达的生活空间,提升了城市的活力和品质,有许多经验值得总结和交流。

优美的城市公园绿地与园林景观塑造的城市空间的有机格局与宜居环境,促进了城

---

[*] 作者简介:王翔,江苏南京人,中共党员,大学学历,原任江苏省住房和城乡建设厅巡视员,现任江苏省风景园林协会理事长。

市、人与自然的和谐共生,在现代城市发展中具有重要的意义。

不久前召开的党的二十大提出,中国式现代化是人与自然和谐共生的现代化。江苏省委、省政府提出要建设美丽宜居城市,体现了不断满足人们对美好生活和优质生态环境需求的愿景。当前,我国进入新的发展阶段,开启全面建设现代化国家的新征程。在新的历史阶段,全面加强生态文明建设,转变城市发展理念,推进公园城市建设,营造生态美丽宜居城市环境,是园林工作者的主要任务。

江苏园林具有悠久的历史,蕴含着丰富的、传统的生态智慧和文化价值。在新时代的发展中,我们要进一步加以传承和弘扬,以推进优秀传统园林文化的继承创新为抓手,提升城市公园绿地的功能品质和文化内涵,推动传统美学与现代技术结合,建设兼具美学特质和人文精神的当代园林景观的精品,为新时代的城市的高质量发展探索贡献江苏园林智慧。本次研讨会邀请了众多的专家进行交流,期待大家的分享。最后预祝本次新时代苏州园林承传与创新研讨会取得圆满成功,谢谢大家。

开阔视野 敢于创新
奋力构建园林绿化和林业工作新格局

——在"美丽宜居新风尚 公园城市谱华章"第三届新时代苏州园林承传与创新研讨会上的发言

曹光树*

尊敬的各位领导、各位嘉宾:

大家上午好!

非常高兴和大家相聚在美丽的太湖书院,再赴园林之约。在此,我谨代表苏州市园林和绿化管理局党组,向出席本次研讨会的各位领导、各位嘉宾,表示热烈的欢迎和衷心的感谢!

近年来,市园林和绿化管理局坚持以习近平生态文明思想为指导,在市委市政府的坚强领导下,抢抓长三角一体化战略、江南文化品牌、数字苏州建设等机遇,科学谋划、统筹推进苏州园林、公园绿地、林业湿地的发展,园林绿化和林业工作取得显著成就。

在苏州园林方面,构建了苏州园林名录保护体系,先后公布四批《苏州园林名录》(共计108座园林),修复开放可园、塔影园等12处园林,苏州园林保护修复全面完成,累计开放园林90处。成功举办亚太地区古建保护与修复技术高级人才研修班、"枫桥夜泊"诗词大会、江南花卉艺术展览会等活动。"园林之城"保护修复工程、可园修复工程分别获得"亚洲都市景观奖""亚太地区文化遗产保护奖"。

在公园绿地方面,编制实施《苏州市城市绿地系统规划(2017—2035)》、出台科学绿化指导意见等,改造提升城市"三大出入口""三横三纵"主干道、上方山石湖生态园、虎丘湿地公园、中环快速路沿线等重点生态工程。虎丘湿地公园获"国际风景园林师联合会(IFLA)亚非及中东地区杰出奖",苏州建成全国首个"国家生态园林城市群"。

在林业湿地方面,全面推行林长制,基本摸清全市五大类30个自然保护地资源家底,形成自然资源底数"一张图"和监管"一张网"。常熟入选全球首批"国际湿地城市",昆山天福国家湿地公园鸟类栖息地修复项目入选"生物多样性100+全球典型案例",苏州林

---

* 作者简介:曹光树,安徽庐江人。现任江苏省苏州市园林和绿化管理局党组书记、局长。

业工作获"全国集体林权制度改革先进集体""全国保护森林和野生动植物资源先进集体""生态中国湿地保护示范奖"。

在科学利用方面,我们以"世遗+非遗"为主线,主动融入"江南文化"品牌发展规划,创新打造虎丘艺术花会、上方山百花节、天平山红枫节等"一园一品"园事花事活动。"苏州古典园林活化利用"入选中国文物学会"全国文化遗产旅游百强案例",沧浪亭昆曲《浮生六记》入选国家文物局"文物建筑开放利用案例","拙政问雅"荣登全省"十佳夜演"榜首。

凡是过往,皆为序章,回望来路是为了更好地出发。今年以来,我们站在更高起点上,高质量编制实施《苏州市园林绿化和林业发展"十四五"规划》,聚焦建设"举世闻名的园林之城""城乡绿化一体化发展的公园城市""人与自然和谐共生的国际湿地城市"三大战略目标,坚持不懈把园林文脉传承创新、绿色空间提档升级、生态屏障巩固发展向更大范围、更深层次推进,为苏州建设充分展现"强富美高"新图景的社会主义现代化强市绘就最美生态底色。

我们站在文化自信自强的高度守正创新,着力让苏州园林成为城市的闪亮标志。坚持保护传承和创新利用并重,推动园林文化艺术走向大众、走向世界,进一步彰显"园林之城"的首位度和显示度。2022年以来,圆满完成太仓南园保护修缮、运河十景之"枫桥夜泊""虎丘奇妙夜"灯光亮化等项目,鹤园、唐寅故居遗址向社会免费开放。擦亮园林景区世界一流窗口形象,在城市开放区域展出190余件精品苏派盆景,实施"课本进园林"等"一园一品"文化浸润项目50余个,开展国际友城巡展、缔结姐妹园等交流互鉴活动,苏州园林海内外影响力不断扩大。建成虎丘全景和33处园林古建假山的数字模型,完成7处园林720度全景VR、园林数字藏品、"虎阜传奇"全息投影等应用项目,全部成果同步上线"苏周到"App。苏州园林保护和夜游项目4次登上央视"黄金栏目"(《新闻联播》《东方时空》《朝闻天下》《新闻直播间》)。石湖生态园项目获国际风景园林师联合会(IFLA)亚非中东地区优秀奖。下一步,我们将精耕细作、久久为功,深挖园林遗产多重价值,以国际眼光、数字手段、大众语言推动实现创造性转化,让"园林之城"彰显时代活力和艺术魅力。

我们站在增进民生福祉的高度扩绿提质,加快推动公园城市建设成势见效。坚持全域覆盖、全民共享的发展思想,持续推动绿色空间多样、开放、融合。2022年以来,印发实施《苏州市"公园城市"建设指导意见》,提出厚植江南水乡生态基底、串联"四角山水"绿道网络、构建城乡一体公园体系、彰显苏州园林遗产价值、打造"公园+"苏式生活典范等五大主要任务,先期启动实施103个绿化实事项目和生态修复工程,重点挖潜增绿,全市累计新增及改造绿地面积363.2万平方米,新建口袋公园70个,完成中心城区"见缝插绿"项目166个,把"公园城市"的基础工程夯实夯牢。下一步,我们将紧盯目标,深化细化"公园城市"规划建设方案,进一步拓展城乡绿化空间,全力以赴推动"处处皆景、城在园中"的宏伟蓝图变为美好现实。

我们站在人与自然和谐共生的高度系统谋划,科学推动生态资源永续发展。坚持以林长制为统领,以创建"国际湿地城市"为重点,畅通体制机制、统筹全域监管,全力守护苏州江南水乡生态本底。今年以来,全市完成营造林 3.4 万亩、建成绿美村庄 9 个,顺利通过 2022 年营造林实绩省级验收。全面启动"国际湿地城市"申报工作,对照认证标准持续推进湿地保护修复,开展"湿地+"特色自然教育 30 余场,累计宣传覆盖 3 万余人次,营造全民参与创建的浓厚氛围。常熟"长江重要湿地巡护"获省"绿篱笆环境奖"。苏州市林业站荣获"全国绿化先进集体"。下一步,我们将强化一体保护、系统治理,深入践行"两山"理论,全力促进森林资源健康发展,持续完善自然保护地体系建设,以"苏州模式"奋力摘取湿地保护的国际最高荣誉。

对照目标,我们任重道远,我们将以匠心致初心、以初心致未来,在更高水平上实现从"走进园林"向"推门进园"的华丽转身,让诗意栖居的苏式典范生活走出围墙、面向全域、飞入寻常百姓家。我们坚信,有各位领导、各位嘉宾的关心支持,苏州"园林之城""公园城市""国际湿地城市"的发展之路一定能够走得更有特色、更富成效、更具影响力!

预祝本次研讨会圆满成功!祝各位领导、各位嘉宾心情愉悦、身体健康!

谢谢大家!

从"苏州园林"走向"园林苏州"

——关于苏州园林群体性保护管理的实践与思考

周祺林*

习近平总书记强调,历史文化是城市的灵魂,要像爱惜自己的生命一样保护好城市历史文化遗产。苏州园林不仅是优秀的历史文化遗产,更是苏州文化和城市精神的象征,正如时任江苏省委书记李强所言,"一提到苏州,(人们)就想到了拙政园、狮子林等园林"。在新的历史条件下,要想真正做到"坚定文化自信、打造文化标识、讲好江苏故事、建好精神家园,把文化强省建设推向新的高度",苏州园林群体性保护与管理不失为一剂良策。

一、苏州园林群体性保护的实践与成就

苏州素以"园林之城"闻名于世。苏州园林起始于春秋、发展于唐宋、全盛于明清,鼎盛时期达250多处,其历史之悠久、艺术之精湛、影响之深远,体现了中国造园艺术的最高成就。

新中国成立以来,党和国家领导对苏州园林的传承、保护与发展作出重要指示、寄予殷切期望,苏州历届市委、市政府高度重视,多年来取得了令人瞩目的成绩。

20世纪50年代初,在百废待兴之时,苏州专门成立苏州市园林修整委员会,先后抢救了拙政园、留园、狮子林、沧浪亭、网师园、西园、寒山寺、怡园、天平山高义园、慕园、耦园(西部)、石湖渔庄等著名古典园林,奠定了苏州园林保护和发展事业的重要基础。20世纪80年代初,苏州成为全国唯一一个全面保护古城风貌的历史文化名城,园林保护犹如枯木逢春,环秀山庄、耦园(中、西部)、艺圃、五峰园、北寺塔、鹤园、曲园、天香小筑、听枫园、拥翠山庄、畅园、北半园、绣园等古典园林先后得到修复,进一步扩大了苏州园林群体性保护的范围。

20世纪90年代中期开始,苏州启动古典园林申报世界文化遗产项目,1997年,拙政园、留园、网师园、环秀山庄作为苏州园林的典型例证被列入世界文化遗产名录,2000年,沧浪亭、狮子林、艺圃、耦园、退思园增补为世界文化遗产,联合国教科文组织世界遗产委

---

* 作者简介:周祺林,江苏吴江人。苏州市园林和绿化管理局一级调研员。

员会对苏州古典园林给出了高度评价:"没有哪些园林比历史文化名城苏州的园林更能体现出中国古典园林设计的理想品质,咫尺之内再造乾坤。苏州园林被公认是实现这一设计思想的典范。这些建造于11—19世纪的园林,以其精雕细琢的设计,折射出中国文化中取法自然而又超越自然的深邃意境。"

近几年来,苏州先后承办了第28届世界遗产大会、国际风景园林师联合会(IFLA)第47届世界大会,举办了亚太地区古建筑保护与修复技术培训班,扩大了苏州园林保护的国内外影响力、提高了美誉度;在文化遗产动态监测预警、古建修复培训、青少年文化遗产教育等方面形成的"苏州经验""苏州模式",得到了国内外的广泛认同和借鉴推广。2012年时任联合国教科文组织总干事博科娃实地考察苏州历史文化遗产保护和研究工作并题词"让苏州经验与世界同享",便是"苏州经验"走向世界的典型例证。

二、苏州园林群体性管理的探索与实践

一是完善名录保护体系,解决"管什么"的问题。依据《苏州园林保护和管理条例》,本着"先研后试、先试后行、突出重点、逐步铺开"原则,在全市范围组织开展"苏州园林寻访活动",对全市园林逐个踏勘、核实和调查;广泛征求社会各界意见,持续推动《苏州园林名录》编制和公布工作,先后公布了四批《苏州园林名录》(108个园林),进一步明确了苏州园林群体性保护管理的对象和范围,重现了"百园之城"盛景。

二是强化行业监管,解决"谁来管"的问题。把健全完善地方立法、行业规范和技术标准贯穿于保护管理各个环节,研究制定了《苏州园林管理规范》《苏州园林保护资金管理办法》《苏州市园林绿化专家库管理办法》等行业规范性文件;对列入名录的园林进行挂牌监管和专项巡视,建立行业考核管理机制,定期开展行业指导和考核,切实发挥政府主管部门的主导和监管作用,逐步构建协调有效、权责一致、分工明确、运行顺畅、监管有力的保护管理运行机制。

三是推动修复开放,解决"怎么管"的问题。实施了苏州园林保护修复"三年行动计划",按照"全面保护、修复保护、遗址保护"三类模式和"原真性、完整性、延续性"三大要求,有计划、有重点地推进12处园林保护、修缮和开放工作。在园林保护方面,"天堂苏州·园林之城"保护管理工程获"亚洲都市景观奖";在园林修缮方面,可园、柴园、明轩实样、慕园、唐寅故居等5座园林已修复完成(其中,可园修复案例荣获"联合国教科文组织亚太地区文化遗产保护大奖"杰出奖),塔影园、遂园、墨园、南半园、詹氏花园、寒山别业等6座园林的修复工作正在实施;在园林开放方面,推动了畅园、瑞园、后乐园、道勤小筑等8座园林向社会免费开放,截至目前,全市累计有84处园林向社会开放,开放率达到了78%,赢得了广大群众的"点赞"。

四是合理活态利用,解决"为谁管"的问题。设计研发了7大类100余套园林特色文创产品,既增强了自身造血功能,又丰富了群众精神文化生活,实现了保护与利用、经济效

益与社会效益的"多赢"。

三、苏州园林群体性保护管理面临的问题与挑战

苏州园林是地方文化的核心载体,是特色城市建设的重要组成部分,是美好生活的重要体现,是经济发展的有力支撑,然而当前苏州园林保护管理仍面临严峻挑战。

一是严格保护的管理理念有待强化。受经济利益、局部利益驱动,社会上依然存在对苏州园林竭泽而渔式开发的利益冲动,以及重开发轻保护、重眼前轻长远、重局部利益轻整体利益等问题。尤其是社会上分散管理的古典园林,容易因产权关系复杂、责权不一、资金缺乏等,影响其建设性和开发性。

二是园林周边的环境状态令人担忧。在城市化快速发展和古城更新改造中,一些古典园林外围赖以生存的文化背景、文化环境、传统风貌正在逐步蜕化,周边建筑形式、体量、高度、色彩与传统文化风貌不相协调,景观质量较差,文化品位较低,有的古典园林甚至成为"孤岛"和"盆景"。

三是保护管理的经费投入比较匮乏。以苏州园林修复为例,《苏州市城市总体规划(1996—2020)》中提出"计划修复和开放五峰园、可园、柴园、南半园、塔影园、畅园、惠荫园、天香小筑、瑞云峰、慕园、朴园、残粒园、万宅等13处园林,每年修复一座古典园林",由于缺乏必要的资金投入,现仅修复了五峰园、畅园、天香小筑、柴园、可园等5处古典园林,较难按时完成既定目标。

四、苏州园林群体性保护管理的发展与规划

一是坚持理念创新,构建园林保护机制。编制公布第五批《苏州园林名录》,大力宣传苏州园林保护管理的历史意义和现实意义,宣传苏州园林的历史、文化、科学和艺术价值,宣传苏州园林保护的创新实践和重要成果,努力形成全社会关心并参与园林保护管理的浓厚氛围。

二是坚持规划引领,推进园林修复开放。今年(编者按:指的是2019年)计划完成墨园、遂园、詹氏花园等3座园林的修复工作,明年力争再完成南半园、塔影园、寒山别业等3座园林修复,让这些沉寂久远的历史园林重放光彩;严控周边建筑高度、形式、体量、色彩,注意将园林保护的概念扩大到城市范围,使各园林记载的文化信息与古城文化一脉相连,确保园林及周边景观风貌得到有效保护,更加全面、完整地体现苏州园林乃至古城的肌理、格局和全貌;积极盘活国有园林资源,借力全市"一日游"市场综合整治,分步实施园林内外环境综合整治,健全停车场、无线网络、厕所革命、免费讲解等服务设施,着力全面、完整地体现其历史、文化、科学和艺术价值,着力增强园林旅游服务软实力,年内争取开放嘉树堂、芥舟园、遂园等5座园林;计划采取修复奖励、开放补贴、技术支持、"热点带冷门"

等方式,继续扩大私有园林开放范围,努力把园林开放率提高到90%以上,让更多的老百姓共享园林修复保护成果。

三是坚持依法监管,强化行业管理职能。加强苏州园林的理论研究、咨询论证和等级评估等工作,分期分批组织全市性的专业理论和知识培训,总结推广传统技艺人才"以师带徒"孵化式经验,大力加强园林规划设计、保护管理、传统技艺、文史研究、法律法规等方面的技术人才和管理人才队伍建设,不断完善监测方式方法和技术手段,让苏州园林的保护管理更具科学性、规范性和预防性。

四是坚持活态利用,推动发展转型升级。推动"文化+旅游"深度融合发展,丰富每座园林的文化内涵,精心策划园林旅游精品线路,研发满足个性化需求的特色旅游项目和文创产品,让收藏在博物馆里的文物、陈列在广阔大地上的遗产"活起来",让游客把苏州园林"带回家";确立"最好的保护是利用而不是冻结,赋予一个合理的用途是最合理利用"的理念,实现保护与利用"双赢"、经济效益与社会效益"双赢"。

五是坚持多元投入,拓宽资金保障渠道。要跳出园林看园林,站在苏州古城保护、苏州城市建设上,为园林修复注入资金;建立政府财政投入为主、民间资源为辅的资金支持和保障机制,加快制定相应的支持、鼓励和奖励的政策制度,多元化保障园林事业的资金支持。

苏州园林的保护、管理与传承

朱海俊*

园林是集建筑、叠山、理水、花木及诗词楹联、绘画戏曲、家具陈设等多种元素的综合艺术,是立体的画、无声的诗。"虽由人作,宛自天开",明代造园艺术泰斗吴江人计成在《园冶》中揭示的人们造园的最高哲学准则和目的,即"天人合一"的中华传统文化思想和"虽由人作,当保持着自然的本色"。

苏州是举世闻名的"园林之城",苏州园林起始于春秋、发展于唐宋、全盛于明清,其历史之悠久、艺术之精湛、影响之深远,体现了中国造园艺术的最高成就,在中国乃至世界园林发展史上具有不可替代的地位。苏州古典园林是由假山、水池、花木、建筑、铺地、陈设诸要素构成的,融传统诗词、绘画、书法、雕刻、音乐、戏曲艺术于一体的综合时空艺术。造园者运用写意自然、富于变化、精雅如画的造园艺术手法,创造出"诗情画意的城市山林",使苏州古典园林成为富有生境、画境和意境的理想人居环境。

园林立意定位于城市山林、世外桃源,虽居城市而获山林之趣,并升华至诗情画意的境界、世外桃源般的生活,以满足造园者的物质和精神生活需要。园林布局讲究参差自然、曲折幽深,园林的山水布局、亭阁配置、花木栽植、园路山径均因地制宜、师法自然,以中国画论的参差规律,造就文人写意山水园,达到"虽由人作,宛自天开"的艺术境界。苏州古典园林小巧精雅,把全园划分与组合成主次分明、疏朗相间的大小空间,体现小中见大、园中有园,在有限空间内创造丰富的园林景色。园林游赏妙在步移景异、引人入胜,以先抑后扬、曲折幽深、动静结合的艺术手法,合理布局全园的园路山径,游廊曲桥组成的游览路线,达到园景的起承转合和连续构图的游赏艺术效果。园林境界呈现诗情画意,融汇一体,从园名、园记到景名、堂构名称,运用匾额楹联、题额碑刻等形式,体现了深厚的历史文化内涵和美好的理想与情操,使人们在游览、欣赏秀丽园景的同时,得到"诗情画意"境界的艺术享受。园林景观特在对景借景、巧于因借,园内的建筑和园路都是绝佳的赏景点和赏景线,同时其自身亦成佳景,可谓互为对景,对景有静观与动观,明显与隐蔽的。借景是借园外的对景,实借、虚借、邻借、远借,苏州园林中均有成功佳例。园林景象彰显对比衬托、精在体宜,园林的尺度比例以人为准,精在体宜,广至山水布局,细至亭廊构架比例,

---

* 作者简介:朱海俊,苏州市世界文化遗产古典园林保护监管中心主任。

均相宜得体,创造出和谐宜人的环境和优美秀丽的景观。

1997年12月和2000年11月,作为苏州古典园林的典型例证,拙政园、留园、网师园、环秀山庄、沧浪亭、狮子林、艺圃、耦园、退思园等9座园林先后被联合国教科文组织列入世界文化遗产名录。

列入世界文化遗产名录20多年来,文化遗产保护工作始终围绕保护世界遗产苏州园林的突出普遍价值,更新保护理念、健全工作机制、创新管理手段,持续加大保护管理力度,注重传承历史文化,取得新的成绩。

一、以保护遗产价值为核心,创新保护模式

根据联合国教科文组织的标准和要求,以全面保护苏州古典园林的突出普遍价值为核心,不断更新保护理念,实现了从传统保护方法向现代保护模式的转变。

(一)完善遗产保护顶层设计

健全组织管理机构。2004年,成立监测工作领导小组,着手苏州古典园林监测管理体系筹建工作。2005年,成立遗产监测的专业机构——苏州市世界文化遗产古典园林保护监管中心,各遗产园林管理部门设立监测站点,形成苏州遗产监测管理的二级管理体制。2012年,市园林局成立遗产管理业务管理处室——遗产监管处,在政府工作层面上进一步加强苏州古典园林监管工作的全面统筹、监督、考核。

建立制度规范体系。出台了地方性法规《苏州市园林保护和管理条例》,制定了《苏州园林管理规范》《世界文化遗产苏州古典园林监测工作管理规范》等行业管理规范,为遗产保护管理提供了强有力的法律依据和制度保障。

(二)开展园林整体保护修复

延续20世纪50年代以来的苏州园林保护性修复工作,以保护文化遗产的原真性、完整性为目标,根据《世界文化遗产苏州古典园林保护规划(2006—2020)》,重点开展了艺圃住宅、留园西部射圃、网师园露华馆、拙政园住宅等园林遗产局部修整,以及留园、沧浪亭、狮子林、耦园、怡园等重点园林周边环境的整治提升工作。依托有形文化遗产的保护,积极传承园林传统营造技艺,实现世界文化遗产的精神价值传播。

(三)实施系统性遗产监测管理

以强化预防性保护为宗旨,积极实施对园林遗产的系统性监测。

建立监测预警管理体系。制定了监测管理工作规则、监测技术规程和预警标准,形成三级联动、通力协作的全方位监测管理体系。在全国率先建成世界遗产监测预警平台和遗产地年度监测报告模板,围绕保护构成苏州园林遗产价值的四大要素,确定了九大类遗

产监测对象。研究建立包括报告制度、巡视制度、培训制度、重点问题预研究制度的制度体系,形成苏州园林监测的"1234"工作模式。

深入开展专项监测研究。针对园林保护管理的需要,开展植物病虫害、古建筑病害、水体、土壤等专项监测研究。制定了《世界文化遗产苏州古典园林监测管理工作规范》,对留园曲溪楼维修工程等进行了专项监测,提高了遗产地管理的科学化、系统化、信息化水平。

二、围绕保护遗产原真性,实施精细管理

我们把保持遗产的原真性、完整性作为文化遗产保护的指导方向,贯穿于遗产园林的日常管理之中,围绕保护各遗产要素和园林整体景观,将现代技术与传统工艺兼收并采,以精细化的日常管理确保文化遗产始终得到很好的保护。

(一)园林保护修缮的量化管理

制定《苏州园林管理规范》,从建筑、假山、植物、陈设、卫生、安全、讲解服务等方面提出了94项量化养护管理指标。同时,坚持遵循传统与推陈出新并举,坚持"修旧如旧"原则,确保建筑、假山、驳岸、铺地等的养护维修最大限度地采用传统材料、沿用传统工艺。完整保留传统文化元素和语言。

(二)实施专项养护治理

对各古典园林所有的古树名木进行挂牌保护,监测和养护做到"一树一档一方案"。开展园林水环境综合治理,实施国家"863计划"攻关"园林池塘水治理"项目,结合运用传统方法和生物治水,取得了明显的治理成效。

(三)强化专业人才的传统式培养

以弘扬"工匠精神"为指引,在盆景园艺等专业领域延续"师徒制"传艺模式培养人才,培养和聚集了一批规划设计、专业管理、传统技艺、遗产监测和科研技术人才,所形成的"苏州经验"在国内外产生广泛影响并得到推广。

三、拓展保护管理视野,传承园林文脉

习近平总书记指出,要让收藏在禁宫里的文物、陈列在广阔大地上的遗产、书写在古籍里的文字都活起来。如璀璨繁星一般分布于苏州地域上的一座座苏州园林是古城苏州特色文脉的体现。因此,我们以保护好9座世界文化遗产园林为基础,不断拓展我们的保护工作视野,推进园林群体性保护,加深园林文化的挖掘,加强园林文化遗产的展示,努力

促进传统工艺、遗产保护理念、文化资源在更广范围的传承。

（一）大力推进园林群体性保护

根据苏州市委、市政府提出建设"天堂苏州·百园之城"的决策部署，我们将坚持保护与管理并重、传承与创新并举，构建更加全面、更加科学的统一保护管理模式，真正使苏州"园林之城"这张名片走向全国、走向世界。

健全苏州园林名录保护体系。第四批《苏州园林名录》已公布，列入名录的园林总计108处，真正实现建设"百园之城"的目标。

加大苏州园林修复开放力度。按照"全面保护、修复保护和遗址保护"三类模式，计划对塔影园、南半园、慕园、寒山别业遗址、墨园等12处亟待修复园林进行全面修复或遗址保护。对具备开放条件的畅园、道勤小筑、瑞园、环翠山庄、后乐园等园林，采取预约参观、限时开放、免费开放日、特殊纪念日活动等形式向社会开放，让市民和游客感受苏州园林的历史、文化和科学价值。

强化苏州园林行业监管。对列入名录园林的保护、管理、修缮工作给予适当扶持和奖励，进一步激发园林所有人或使用者参与园林保护的积极性。对列入名录的园林进行挂牌监管和专项巡视，强化行业指导和考核，定期提供现场指导和业务培训，切实提高苏州园林保护管理的整体水平。

（二）推进文化的展示与活化利用

积极搭建展示载体、丰富展示内容，依托园林博物馆、园林档案馆及各园林本体，建成全国第一个专业类园林档案馆和博物馆，宣扬文化遗产价值和园林传统文化。大力开展文化研究和文化宣传，积极传播园林文化、遗产价值和保护理念，完成了《苏州园林风景志》修编，编辑出版"苏州园林/苏州文化丛书"，组织拍摄以《苏园六纪》为代表的一批古典园林影像出版物，全面总结和系统展示了苏州园林的发展历史、文化资源和保护管理。以"全域旅游"发展趋势和要求为导向，推动"文化+旅游"深度融合发展，倾心打造虎丘庙会、拙政园荷花节、"留园寻梦"吴文化特色游、网师园夜花园等传统园事花事活动"十大品牌"，推出园林文化体验式旅游项目，研发"园林有礼"系列文创产品，为园林文化的传承创新不断造血生津，让传统文化焕发永久的生命力。

（三）积极开展技术培训与遗产教育

依托联合国教科文组织亚太地区世界遗产培训与研究中心苏州分中心，积极开展亚太地区遗产培训研究、国际合作、学术交流、信息推广和青少年教育工作，成功举办了9届"亚太地区古建筑保护与修复技术高级人才研修班"，共培训来自20多个国家的200多名学员，帮助造就一批既熟悉现代世界保护理论知识又掌握传统技艺和文化的专业人才。自2001年起，举办了11期"世界遗产青少年国际夏令营"，培养了来自20多个国家的

800余名青少年成为"世界遗产青少年保卫者"。

(四) 有力提升城市特色风貌

坚持继承以发展、延续而创新的宗旨，将园林文化精髓贯穿于城市建设之中，将苏州园林的叠山、理水、建筑、花木四大要素广泛运用于城市建设和景观设计中，上方山石湖生态园、相门和平门古城墙、虎丘景区重点工程、城市公园"百园工程"、环古城风貌带等城市风貌提升项目都体现着苏州园林的造园艺术，既保持江南古城的传统风貌，又融入现代气息，形成名城、古园、水乡交相辉映的城市园林绿化特色。

苏州园林保护、传承和发展是一项功在当代、利在千秋的伟业。通过不断探索和创新，苏州园林的保护管理逐步形成多平台、多方位、全视角的立体格局，文化遗产的突出普遍价值得到科学有效的保护，历史风貌景观、文化内涵得到有效传承。未来，我们也将不断更新保护理念、创新保护管理模式、引入先进保护技术，把祖先留给我们的宝贵文化遗产保护好、传承好，使之成为增强中华民族文化自信的不竭源泉。

公园+:打造苏式生活新典范

钱宇澄[*]

"公园城市"是习近平生态文明思想的一个重要内容,苏州除了拥有水乡风貌和丰富的自然资源外,最与众不同之处在于拥有众多的古典园林,这是建设"公园城市"的独特优势。"公园城市"建设的最终目的是满足人民群众日益增长的对美好生活的向往,我们将围绕自然公园、森林湿地、城市绿地以及城市公园,做强、做大古典园林这一特色优势,将其打造成苏州"公园城市"建设的一大亮点。

一、苏州园林整体保护情况

近年来,在市委、市政府的高度重视和大力推动下,苏州创新推出园林名录管理体系,陆续公布了四批《苏州园林名录》,共有108座园林被列入名录保护体系,覆盖全市9个县(市、区),其中姑苏区57座,吴中区23座,常熟市11座,位列前三。

建立保护体系的同时,加大对园林的保护修复力度。制定实施了苏州园林保护修复三年行动计划,有计划地推动塔影园、柴园、詹世花园、鹤园等12处园林的保护修复工程,已于2021年全部完成。央视"黄金栏目"《新闻联播》《东方时空》《朝闻天下》《新闻直播间》做了4次关于"苏州园林保护修复"的专题报道;2019年,可园修复保护工程被联合国教科文组织授予"亚太地区文化遗产保护奖",获得了国际认可。

尝试突破园林外移及园林艺术拓展。自2021年以来,除在省市级的国家园博园进行苏州园林展示以外,还将园林要素融入城市环境中——比如盆景外移,在城市主干道路布置苏式盆景;再如,在口袋公园及小游园建设中融入植物配置、建筑小品及空间营造手法等园林要素,打造蕴含苏式园林文化的有品质的公园城市。

---

[*] 作者简介:钱宇澄,苏州市林业局副局长。

二、数字园林

(一)推动园林保护管理数字化转型

将数字技术运用于园林保护,推动园林数字化转型。通过虚拟数字制作三维动画,基于三维建模生成与实景外观相同的数字园林,供游客进行直观的虚拟游览,这项技术可以用来展示一些不便于开放或者已经消失了的园林。此外,利用数字化手段,对古典园林和景区整体进行高精度测绘和三维建模,推出了"虎阜传奇"全息投影等一系列园林体验产品,为游客提供更好的互动游玩体验。在"苏周到"App上开发"数字园林"专栏,游客可通过点击首页上的"苏州园林"选项,进入"园林三维模型体验",随时随地"云"游园。

(二)健全园林文化遗产的"标本库""素材库"

通过数据采集和运用,对虎丘等园林进行三维实景扫描,运用建模技术,呈现建筑的拆解形式,让游客特别是青少年更加直观地感受园林的内部构造和营造技艺。此外,还对香山帮技艺进行了数字化探索,这是苏州园林"走出去"的一次有效尝试。

(三)赋能新型文化消费场景

将园林及其藏品与数字化的运用相结合,尝试打造数字藏品,让更多人可以更直观地了解园林。先后推出了具有拙政园、虎丘等元素的一批数字藏品,一方面展现了苏州园林的精美艺术,另一方面也推广了园林不为人知的造景技艺。

三、扩大园林艺术影响

近年来,市委、市政府特别注重苏州园林文化"走出去",园林局也制定了苏州园林"走出去"战略。2021年以来,我们积极发挥世界文化遗产苏州古典园林这一国际品牌的优势,通过多方合作,开展了园林文化的线上线下交流活动,特别是针对苏州友城以及苏州园林的友好园进行了一系列文化交流活动,如网师园和美国兰苏园、留园和美国寄兴园等,以及在水城威尼斯开展苏州古典园林艺术展览。通过这一系列的线上和线下活动,希望把苏州园林的文化更进一步地推广出去。

对内而言,通过课本进园林、园林文化浸润行动、园林艺术研学体验活动等多种沉浸式体验和推广活动,让课本、让学生走进园林,实现园林和教育的双向互动。与教育局合作开展园林课程,通过全方位展示园林中的文化元素及园林技艺,结合青少年研学,根据每个园林的特色推出相应的课程,最大程度将园林文化的方方面面呈现出来。

对外而言,遗产中心通过推出世界遗产青少年国际夏令营、亚太地区古建筑保护与修复技术高级人才研修班等,促进园林文化的对外传播和交流,进一步推广苏州园林和古建文化。

四、活化利用

尝试创新苏州园林的活化利用,让园林文化更加贴近人民群众的日常生活。在网师园夜花园的基础上尝试创新,推出了《情爱江南》网师园独角诗剧,取得了良好的社会反响。

不断优化园林夜游项目,打造整体的园林夜游品牌。与苏州日报社合作,对园林夜游进行整体包装,根据游客的不同需要,提供多种选择方案,先后推出网师园夜花园、拙政问雅、枫桥夜泊等夜游品牌。通过现代技术,让一些在白天看不到的元素在夜间得到展现,给游客创造了诸多不同的游览体验。

积极倡导"一园一品"园林花事活动。根据每座园林的历史文化底蕴,创新推出石湖串月、虎丘曲会、拙政园荷花展、狮子林梅花展、沧浪亭兰花展、天平山红枫节等"一园一品"园林花事活动,从20世纪90年代至今,已连续举办30余届。这些品牌在传承的基础上不断创新,精细地勾勒出如诗如画的苏州园林和园林文化的优质品质。

高水准建设城乡绿化一体化发展的"公园城市"

柏灵芝*

2018年2月,习近平总书记在四川天府新区视察时提出"公园城市"的全新理念和城市发展新示范,将"城市中的公园"升级为"公园中的城市"。这是深入践行"两山"理论,通过提供更多优质生态产品以满足人民日益增长的对优美生态环境需要的新型城乡人居环境建设理念和理想城市建构模式,一方面体现了"生态文明"和"以人民为中心"的发展理念,相较于"田园城市""生态园林城市"和"森林城市","公园城市"理念更强调以人民为中心的普适性、公共性和开放性,更符合城市生态文明建设的需要;另一方面,体现了城市发展模式和路径转变的理论创新和实践探索,重点解决生态环境退化严重、生态产品供给不足、城市建设破坏自然山水格局和"千城一面"等问题。

苏州作为全国城乡融合发展最好的地区之一,气候温和、经济发达、襟江带湖、山水环绕,古典园林独步天下,江南水乡风貌优美,有着优越的建设"公园城市"的本底条件,符合人民"处处皆景、城在园中"的美好期待。2022年《苏州市政府工作报告》中要求努力建设公园城市,同年8月,苏州市政府印发了《苏州市"公园城市"建设指导意见》。

一、基本情况

隽山为屏,四角为楔。苏州市构建了"人工山水城中园"的艺术特色和"自然山水园中城"的生态空间,积淀着集传统文化、美学哲理为一体的卓越价值,自古以来就有"人间天堂""园林之城"等众多美称,具备建设"公园城市"的优厚基础。

一是自然资源禀赋极佳。苏州拥有150多千米长江岸线,约3/4的太湖水域面积,林地保有量563平方千米,自然湿地面积2 688平方千米,省级以上自然保护地面积759.4平方千米,林地湿地自然保护地占全市国土面积的1/3。

二是城市绿化功能完善。全市拥有公园绿地总量79.2平方千米,绿地率39.3%,绿道600千米,城市公园202个,口袋公园504个,是全国唯一的"国家生态园林城市群"。

三是园林文化底蕴深厚。苏州园林是全人类的文化遗产,已有9座古典园林列入世

---

* 作者简介:柏灵芝,苏州市园林和绿化管理局规划处副处长。

界文化遗产名录,108 座园林列入《苏州园林名录》,目前已开放园林 90 座,园林开放率达到 83.3%。

二、总体思路

(一) 指导思想

以习近平新时代中国特色社会主义思想为指导,始终坚持以人民为中心的发展思想,深入践行"绿水青山就是金山银山"发展理念,高水平构建"山水融城"的公园城市,绘就江南水乡最美生态底色,满足人民日益增长的美好生活需要。

(二) 基本原则

坚持人与自然和谐共生理念。注重城乡生态空间的连续性、整体性、系统性,打造"真山真水园中城,人工山水城中园"的"城市-自然"空间嵌合格局。

坚持区域特色生态空间格局。从本土性、文化性、多样性出发,打造贴合长江下游太湖平原特质的自然生态系统,始终保持城乡历史记忆,全面提升美丽宜居环境。

坚持优美环境普惠民生导向。推动"园林外移",统筹公共生态空间,整合闲置用地资源,见缝插绿,持续推进口袋公园建设,满足人民群众"转角遇到美"的生活新期待。

(三) 主要目标

总体目标。长江、太湖、南部水乡湿地带为界的江南水乡得到完整保护,"四角山水"为主的城市特色空间格局基本建立,"自然公园、森林湿地、城市绿化、城市公园、古典园林"五大生态系统有机串联,"处处皆景、城在园中"的"公园城市"形态基本形成。

具体目标。到 2025 年底,营造林抚育 10 万亩,林木覆盖率稳定在 20.55%,自然湿地保护率超过 70.5%。新增和改造城市绿地 1 200 万平方米、城市公园 25 个以上、口袋公园 240 个以上、绿道 50 千米以上,公园绿地总面积达到 80 平方千米以上。

三、主要任务

(一) 厚植江南水乡生态基底

绘就拥山揽湖、诗意栖居的公园城市生态画卷。以系统思维保护山林和湿地资源。扎实推进对每座山体、每片水体的保护管理,确保全市 147 座山体(140.07 平方千米林地)、103 个重要湿地(2 497.73 平方千米)面积数量"双稳定"。以共生理念实施生物多样性保护。推进太湖、长江、大运河、望虞河、吴淞江、太浦河、沿沪宁高速等市域生态廊道建设,保护野生动物迁徙通道,构建稳定的生物多样性保护空间格局。以红线意识强化自然保护地管控。持续整合优化全市30个自然保护地资源,实现风景名胜区、森林公园、湿地公园与湿地、林网、山脉融合成片,构筑富有多样性的自然生境。

(二) 串联"四角山水"绿道网络

从古城走向"四角山水",从"四角山水"走向太湖、长江,使市民在公园城市中亲山近水赏城。优化"四角山水"空间布局。西北角推进虎丘综改工程,西南角加强"七子山—石湖—太湖"山林湿地资源和吴越文化保护,东南角联通"澄湖—独墅湖—吴淞江"生态廊道,东北角加强阳澄湖区域统筹管理。实现古城联通"四角山水"。建设由古城通往郊野的元和塘、西塘河、上塘河、胥江、石湖、黄天荡、斜塘河、娄江、外塘河等9条特色滨水绿道,实施环古城河景观绿道提升和京杭大运河历史文化绿道项目。推动"四角山水"走向市域。用绿道链接"四角山水"和市域生态斑块,形成西部环太湖山水片区绿道、北部沿长江生态绿道、南部江南水乡风光绿道,编织河湖密布、山水环绕的"四角山水"生态绿网。

(三) 构建城乡一体公园体系

全面开展城乡公园"三环"分级体系建设。"内环"社区和口袋公园健全日常休闲、健身游憩功能。"见缝插绿"完善社区和口袋公园网络,全市每年新增和改造300万平方米城市绿化,公园绿地面积超过80平方千米。"中环"城市公园叠加综合服务、推动提档升级。对20世纪末建设的公园开展分期分批改造提升,使城市公园由单一功能向复合功能转变,为市民营造良好的游园环境。"外环"自然公园保持山水资源、维护生态平衡。整合优化市域30个自然保护地资源,构建风景名胜区、森林公园、湿地公园、地质公园和自然保护区长效管理体系。

(四) 彰显苏州园林遗产价值

努力形成人文美学与"园林印记"交融相生的公园城市新图景。

因时而进推进园林整体保护。研究制定《苏州园林分类管理办法》,全面完成苏州古典园林修缮和遗址保护,形成全国数量最多、保护最完整的园林文化遗产群体,持续推进园林向社会开放。

因地制宜推行"园林外移"。推进苏州园林造园艺术外延,在城市公园、道路绿化、山水修复中灵活引入园林特质,吸纳叠山理水、植物配置、空间营造等造园艺术手法,打造蕴含苏式文化、处处体现公园城市精神的遗产品质。

因机而动加快建设园林数字化。全力推动园林保护管理数字化转型,全方位拓展园林数字化在保护修复、文化展示等方面的适用性。建立健全园林文化遗产的"标本库"与"素材库"。

因势利导扩大园林艺术影响。面向大众、走向世界,为中小学生提供苏州传统文化研习服务,申报国际奖项,办好亚太地区古建筑保护与修复技术高级人才研修班,努力建设举世闻名的"园林之城"。

(五)打造"公园+"苏式生活典范

促进公园城市有机生命体的生态、生产、生活协调统一。

亲山近水乐享自然意趣。做强西山、东山、大阳山、上方山等森林公园生态旅游,培育沿太湖风光带、沿长江游憩步道、南部水乡湿地带等一批生态游憩步道,推广太湖国家湿地公园等一批生态教育基地。

游园品牌提升城市魅力。大力推广张家港长江文化艺术节、常熟虞山文化旅游节、吴江东太湖水韵文化节、高新区中国刺绣文化艺术节、苏州(太湖)马拉松赛、苏州(太湖)水上马拉松、相城区阳澄湖艺术节、园区金鸡湖双年展、石湖串月、天平山红枫节、"拙政问雅"、"枫桥夜泊"、"网师戏语"、"虎丘灯会"等活动,精细勾勒如诗如画苏式慢生活。以"打造世界一流园林景区窗口形象"为目标,开展"游览环境优化、安全提升、惠民政策、服务升级、业态创新"五大行动,擦亮苏州园林"城市名片"。

园事花事赓续文脉精神。定期举办苏派盆景展示、园艺花卉展览、插花、根雕、摄影等城市艺术展览等文艺休闲活动,完善绿色空间复合功能,探索构建公园城市生态和文化价值转换体系,立体展现品质生活高度和人文历史厚度。

"公园城市"的宏伟目标要落实到具体可实施的项目中,2022年已落实六类103个项目,目前正在有序推进。未来将继续通过"蓝图+项目"的方式,使富有苏州特色的"公园城市"建设成为具有系统化、整体化的优秀"答卷"。

心象自然

——园林景观的传承与创新实践

李存东[*]

我们在苏州共同探讨园林在新时代下如何传承创新非常有价值、有意义。园林景观的主题是人和自然,园林景观的传承和创新离不开自然。园林景观的核心是平衡人和自然的关系。园林景观是一种呈现,在人造景观给城市和自然带来的改变背后都隐含着设计师的思考和努力。我们的设计在不断平衡人和自然关系的同时,也在不断平衡设计师自身主观和自然客观的关系,于是就有了"心象自然"。

"心象"指的是内心意象的主观呈现,"自然"指的是自然而然的客观存在。对设计师而言,心象和自然是影响设计的两个方面,一个是主观的、内在的,一个是客观的、外在的。在不同的项目中,两个方面往往侧重不同,在功能性要求高或艺术性表达强烈的项目中往往偏重心象的表达,而在场地中自然因素比较突出或生态要求比较高的项目中,自然的呈现就变得更加重要。但是,在相对综合的项目中,设计作品有时很难分清是心象呈现的多还是顺应自然的多,也许是某个区域以自然为主,某个区域以心象为主,也许自然中有心象,心象中有自然,如同一枚硬币的正反面,你中有我,我中有你,互相融合。《园冶》中"虽由人作,宛自天开",大概就是这样的境界。

从创作方法上看,心象自然中的"象"还可以作为动词,即内心以自然为象。创作中将自然内化于心,再由心外化于设计,对自然进行二次创作,用自然展现人性的真实,用内心体悟自然的美好,而这也许就是我们要追求的一种状态。

"心象自然"是一种态度:人是自然的一部分,以人为本,更要以自然为本;"心象自然"是一种观念:景观设计就是不断平衡人和自然、主观与客观的关系;"心象自然"是一种方法:将自然内化于心,再由心外化于景观;"心象自然"更是一种追求:展现与自然相遇的内心世界,"象为自然,与心相应"。"心象自然"之实践往往表现为理性的外化、情感的表达、自然的表现、文明的表现,以及人与自然的和谐共生。

---

[*] 作者简介:李存东,中国建筑学会秘书长。

新时代苏州园林产业发展的机遇、挑战和应对

王跃程[*]

园林文化,历载千年;产业发展,铸魂于新时代。此次新时代苏州园林承传与创新的讨论,包含着与历史的对话,与现实的对话,与西方的对话,与心灵的对话。这场对话盛会,使我们仿佛置身于历史长廊,感受一幅幅园林时空艺术画卷,倾听一曲曲心灵融合的恢宏交响曲。

2 500多年来,苏州园林凝聚了一代又一代吴越人的工程智慧,展现了一门又一门精湛的园林技艺,演绎了源远流长的深厚历史文化传统。苏州园林既是中国园林的杰出代表,也是世界园艺中的典范,是人类文化遗产宝库中的瑰宝。在中国特色社会主义的新时代,随着中华民族伟大复兴的全面推进,园林产业发展必将迎来前所未有的新机遇,苏州园林也必将更耀中华,惊艳世界。

一、新时代苏州园林产业发展的新机遇

产业的繁荣都是时代的产物。新时代造就新园林,苏州园林迎来魅力绽放的新时机。

(一)苏州园林的无穷魅力

苏州园林占地面积小,但以意境见长、独具匠心的艺术手法在有限的空间内点缀安排,移步换景,变化无穷。以中国山水花鸟的情趣,寓唐诗宋词的意境,在有限的空间内点缀假山、树木,安排亭台楼阁、池塘小桥,使苏州园林以景取胜,景因园异,给人以小中见大的艺术效果。

苏州园林充分体现了"自然美"的主旨,在设计构筑中,因地制宜地采用借景、对景、分景、隔景等种种手法来组织空间,造就园林中曲折多变、小中见大、虚实相间的景观艺术效果。在都市内创造出人与自然和谐相处的"城市山林",拓展出"居闹市而近自然"的理想空间。

---

[*] 作者简介:王跃程,江苏乾宝科技发展集团有限公司董事长,苏州太湖书院、苏州太湖智库理事长。

苏州园林不仅是中国的优秀历史文化遗产,也是世界文化艺术宝库中的珍宝。追求返璞归真的精神,营造悠闲养性的氛围,是苏州园林的意境;折射道家的哲学文化韵味,是苏州园林的底蕴;山水花木、亭台楼榭的古典韵味构成苏州园林的文化基因。苏州园林的魅力,因此而使人观之不尽,回味无穷。面向新时代,其魅力将更加璀璨夺目地绽放。

(二)苏州园林产业发展的新机遇

苏州园林产业发展在新时代主要有如下四大机遇。

一是中国推进生态文明标志着现代园林高水平创新和高质量发展的新时代的到来。苏州园林是中华文化"天人合一""道法自然"精神的杰出体现者,它与当今生态文明倡导的"人与自然和谐共生""山水林田湖草是生命共同体"的新理念和新要求相契合,是美丽"中国梦"的重要载体。

二是中国特色的新型城镇化和乡村振兴国家战略的推进,为园林产业发展带来了新契机。中央文件多次强调指出"城镇建设要体现尊重自然、顺应自然、天人合一的理念","让城市融入大自然,让居民望得见山、看得见水、记得住乡愁"。针对乡村振兴中的"五大振兴",习近平总书记指出,生态振兴贯穿于其他四个振兴实现的全过程,正如他所说:"如果其他各方面条件都具备,谁不愿意到绿水青山的地方来投资、来发展、来工作、来生活、来旅游?"新时代中国特色的生态城镇与美丽乡村建设,都离不开园林相关产业的强力支撑,这其中的市场空间和发展机遇,对苏州园林产业不言自明。

三是长江三角洲区域一体化发展的国家战略为苏州园林产业发展带来了新机遇。随着长三角区域一体化发展上升为国家战略,以及国务院《长三角生态绿色一体化发展示范区总体方案》的出台,"人与自然和谐宜居新典范"的战略定位,为苏州园林产业提供了重大发展机遇。苏州园林是江南文化的精华所在,无论是它的工程思维还是它的造园技艺及其蕴含的传统文化,对创建国家生态园林城市,促进当今长三角生态绿色一体化发展示范区建设具有极其重要的借鉴价值。苏州园林企业必须抢抓先机,占领高质量发展的制高点,为长三角生态绿色一体化发展示范区建设提供苏式园林智慧。

四是"一带一路"倡议为苏州园林产业发展搭建了新舞台。随着"一带一路"建设的推进,"一带一路"沿线国家已掀起了多样化的"中国文化热",苏州园林便是其中典型代表。同时,依托"一带一路"国家打造绿色发展典范已成共识。截至2019年3月底,中国政府已与30多个沿线国家签署了生态环境保护的合作协议。城市基建领域的发展促进园林产业发展,为中国园林企业"走出去"提供了较多的市场机会。

实践证明,园林古建产业在世界已初步呈现发展新面貌。随着人类命运共同体的构建,作为中国和世界文化遗产的杰出代表——苏州园林担当着重要的文化使者的重任,发挥着日益重要的文化认同与文明互鉴的促进作用。苏州在欧美建造的园林已经引发当地苏州园林研究与旅游观赏热潮,从而为苏州园林走向世界搭建了日益宽广的新舞台。

二、新时代苏州园林产业发展的新挑战

苏州园林产业在新时代高质量发展中虽有新机遇,但在探索发展中也面临诸多新的挑战。比如苏州园林产业发展规划如何跟上新时代的步伐,抓住园林高质量发展的新机遇?苏州园林产业如何进一步交流互鉴、开放创新?新时代苏州园林产业如何进一步做大做强,促进现代园林规模化、标准化、智能化发展?苏州园林如何以现代产业化方式大规模走向世界,助推中华民族伟大复兴?苏州园林文化和香山帮技艺如何在新时代薪火相传?诸如此类的新问题、新挑战,迫切需要我们加以破解和应对。

三、新时代苏州园林产业发展的新思路

新时代苏州园林产业若要破解发展中的新难题,在国内走在高质量发展的最前列,在世界走出一条规模化发展的新路子,需要我们确立新思维,提出新举措。

一是以工程思维引领苏州园林产业发展。工程思维的核心要义就是倡导辩证性思维、系统性思维、整体性思维。

新时代苏州园林产业发展要倡导辩证性思维。新时代苏州园林的创新是在承传发展中的创新,是古今园林文化的对话,是地方性与全球性、民族性与世界性的交流互动。只有这样,新时代的园林产业发展才能避免"千园一面""千镇一面""千城一面"的陷阱,走出一条园林产业差异化发展和百花齐放的新路子,达到"各美其美、美美与共"的园林产业发展新境界。

新时代苏州园林产业发展应当坚持系统性思维。苏州园林产业发展,如何抢抓新时代带来的新机遇,需要我们对园林产业发展加强科学规划。在长三角一体化进程中,苏州必须抢占园林产业发展的新高地,做好和优化区域发展规划,系统推进,有序合作,主动引领中国园林产业发展,彰显苏式园林特色,打造苏州园林式的美丽乡村和生态园林城市,充分发挥生态园林式的长三角区域一体化发展的示范作用。

新时代苏州园林产业的发展,还应坚持整体性思维。苏州园林产业发展做大做强做优,需要站在中国特色社会主义五大文明建设布局的高度,从整体化视角加以推动。政府、市场、企业、学校和社会组织凝心聚力,以苏式园林独特的风格和魅力,在国内演绎好我们的吴越文化故事,在国外传播好中国的文化声音,讲好苏式园林的故事。

二是打造园林全产业链,促进苏州园林产业的"抱团"发展。苏州园林是一个集历史、哲学、艺术、技艺等中华文化的综合体。它汇聚和带动了设计、营造、园艺、风景园林等一系列产业。因此需要以整体性思维引领打造园林相关产业链条,建设高质量的园林产业联盟,形成具有竞争优势的园林古建的产业生态圈。

三是加快人才培育,破解传承难题。园林行业人才队伍方面存在的问题是当今苏州

园林承传与创新发展的瓶颈,破解人才短缺难题迫在眉睫。因此,必须高度重视和加强新时代园林人才培育工程。建议政府出台引导性政策,建立"香山苏式园林学院",走出一条新时代园林人才规模化、专业化培育的"苏州道路"。

四是苏州园林要沿着"一带一路"走向世界。在"构建人类命运共同体"的伟大新时代,紧跟"一带一路"的发展是苏州园林创新发展的新路径。依托"一带一路",实现艺术与建筑、东方与西方、传统与现代、现在与未来的对话,文脉的传承发展的讨论也由此展开。

希望以新时代园林艺术为桥梁,用经典的作品促进中华文化的对外交流,以彰显苏州园林的无限魅力回应艺术的永恒,从而诠释出建筑、艺术与心灵之间不可分割的因缘。用东方哲学和工程思维创造出被世界认同和赞赏的现代园林杰作。

苏州园林人的历史使命和时代担当就是:"让世界了解苏州园林,让苏州园林走向世界!"

新时代苏州园林创新的价值及其路径思考

王跃程

苏州古典园林被誉为中国人居环境高质量建设的典范,是中国园林文化和世界非遗文化中的瑰宝。生态文明新时代,苏州园林正迎来前所未有的发展新机遇,但同时园林产业面临的新老问题叠加而来,其面临的挑战日趋严峻。因此,加强承传与加速创新,成为新时代园林人的必然选择和使命担当。

一、苏州园林是"中国园林",香山帮是"中国香山帮"

(一)苏州园林是"中国园林"

苏州古典园林是中国人居环境建筑的经典。苏州园林以优美的建筑形态、简雅的粉墙黛瓦、灵秀的山石水韵、精致的亭台楼阁为世人所赞美;香山帮"咫尺之内再造乾坤"的精湛技艺为世人所赞叹;苏州园林道法自然、意境深远、天地人三者和谐,园林与宅第完美融合,其具有的可赏、可游、可居的"诗意化栖居"功能,为世人羡慕。苏州园林风格影响了中国大江南北,许多皇家园林吸取了苏州园林的元素,中国园林由此烙上了苏州园林的印记。无论是意境、风格,还是艺术水平,苏州园林堪称中国园林的典范,苏州园林因此就是中国园林。

(二)香山帮是"中国香山帮"

苏州园林是香山帮的智慧与技艺相结合的艺术成果。香山帮足迹遍布中国,南京的明故宫、北京宏伟的紫禁城和天安门,以及西藏的布达拉宫都出自香山帮之手,近代香山帮姚承祖编撰的《营造法原》被誉为"南方中国建筑之唯一宝典"。香山帮不仅在本地营造了粉墙黛瓦、素朴秀美的苏州民居,而且影响了整个江南的建筑风格,带动了民居建筑技艺的"香山化",更是影响了日本、欧洲的园林建筑风格。因此,苏州园林无疑是中国园林,香山帮无疑是中国香山帮。

二、新时代苏州园林创新的价值

本届研讨会主题是"为中国而设计,为未来而设计",苏州园林是中国园林,它代表了中国,展示着未来。因此,在新时代,苏州园林的创新将既有助于更好地承传古典园林文化精髓,也有助于当代园林事业的发扬光大,推进中华民族伟大复兴。新时代苏州园林的创新至少具有以下几方面的重大价值。

一是苏州园林创新有助于促进苏州园林更好地保护和承传。苏州古典园林的保护、承传面临着诸多难题:古典园林修缮中的技术难题、材料难题等迫切需要研究创新;因产权问题、资金不足,园林保护跟不上时代发展;管理力量不足,政府管理有余而社会参与不足;小众高端的私家园林,满足不了广大人民对美好生活的需要;园林产业缺乏规模、人才匮乏、财力不足等,严重制约了园林产业的竞争力与高质量发展,等等。因此,加强苏州园林的理论创新、制度创新、管理创新、材料技艺创新等,必将助力苏州园林得到高质量的承传与发展。

二是苏州园林创新有助于促进苏州生态园林城市的高质量发展。2020年苏州建成了全国首个"国家生态园林城市群"。但面向"十四五"和现代化建设新征程,苏州未来需要在更高的层面上探索"美丽新天堂"建设。因此,苏州园林建设无论在理念上、制度上、管理上,还是产业上,都需要进一步开拓创新,推动苏州生态园林城市的更高质量建设。

三是苏州园林创新有助于促进美丽江苏建设。美丽江苏建设是江苏省委、省政府的重要战略部署,娄勤俭书记强调,"美丽江苏"就是要整体规划、系统推进,真正让江苏"美得要有形态、有韵味、有温度、有质感",打造成美丽中国的现实样板。苏州园林无疑应当为美丽江苏建设发挥标杆作用,为美丽江苏建设提供示范引领经验。

四是苏州园林创新有助于促进"长三角生态绿色一体化发展示范区"建设。"长三角生态绿色一体化发展示范区"是推进长三角一体化国家战略的重要实验区。2019年,长三角城市生态园林协作联席会议呼吁"扎实推进长三角城市园林绿化高质量一体化发展",倡导以区域"大花园"建设为导向,推进编制绿化的团标、行标和国标,促进高品质园林绿化示范样板建设。因此,苏州园林的创新,必将促进苏州在"长三角生态绿色一体化发展示范区"建设中发挥标杆和引领作用。

五是苏州园林创新有助于推进"美丽中国"建设和中华民族伟大复兴。建成"美丽中国"是我国生态文明建设的重要目标。苏州古典园林是"美丽中国"的样板,在新时代"美丽中国"建设中,苏州园林创新将有助于推进苏州在"美丽中国"建设中的示范作用。

同时,苏州园林是中国文化的精华,中华民族文化的复兴,必须有苏州园林的复兴。苏州园林代表着中国园林的最高水平,也是世界"诗意化栖居"的生态宜居典范。苏州园林的创新,将有助于把苏州园林人居模式推向全中国,推向世界,真正全面打响苏州园林这一中华民族特色品牌,实现苏州园林复兴的同时,推进中华民族伟大复兴。

三、新时代苏州园林创新发展的新路径

新时代园林发展不仅要顺应时代要求,积极应对社会经济发展新形势,同时,还应主动适应园林行业发展的新趋势和新要求,顺势而为,积极探索创新发展的新路径。

(一)新时代园林行业发展的四大新态势

一是园林行业的生态化趋势凸显。习近平总书记强调,在新时代,"人民对美好生活的向往,就是我们的奋斗目标"。生态宜居、绿色美丽、美好生活成为人民的新期待。园林行业不再停留在古典园林的保护和修复层面,走向了园林绿化、环境美化、生态修复领域。园林企业正在将资源、技术、市场向生态领域倾斜,城乡景观绿化、环境治理、生态修复、公园建设成为园林行业快速发展的新兴细分领域。园林行业生态化趋势明显。

二是园林行业的集聚化趋势加大。据统计,截至2017年园林资质取消前,一级企业中浙江、广东、江苏、北京、福建和河南的企业合计占全国总数的近60%,各地区园林市场竞争不平衡。近年来一些行业巨头不断涌出,第一梯队与第二梯队的实力不断被拉开,行业的集聚化程度正在不断加大。

三是园林行业的节约化趋势增强。中国40多年的快速工业化承受着巨大的环境资源压力。生态文明时代绿色发展成为时代主题,以高效、绿色、循环、可持续为特征的"节约型社会"和"节约型园林"成为生态园林城市建设的新要求。推进节约型园林工程逐渐成为我国园林绿化行业未来发展的重要趋势。

四是园林全产业链一体化趋势。近年来,园林企业产业链不断延伸,为客户提供园林设计、古建工程、景观绿化、管理服务等综合园林服务。一、二、三产业一体化融合发展能力逐渐成为园林综合竞争力的核心要素。全产业链经营已成为园林行业发展大趋势。

因此,新时代苏州园林顺应发展大势,抢抓发展机遇,加快创新发展成为必然选择。

(二)苏州园林创新发展主要路径

加快苏州园林的创新,我们认为,至少应当从六大路径加以思考。

一是共同构建和推进一个"苏州园林创新发展战略"。苏州园林创新,不再是一个政府的事,也不仅仅是园林企业的事,而是一个涉及政府、企业、高校、园林工作者等,需要全社会协同创新的重大系统工程。因此,我们需要加强顶层设计,以工程哲学为指导,应用工程思维研究制定"苏州园林创新发展战略"。建议由苏州市政府部门牵头,由高校和科研院所的学者、资深行业专家、园林龙头企业等组成园林创新战略研发团队,站在为中国而设计、为未来而设计的时代高度,瞄准"美丽中国""美丽江苏"和"长三角生态绿色一体化发展示范区"战略目标,以苏州园林"十四五"规划编制为契机,全面制定"苏州园林创新发展战略""苏州园林创新实施规划纲要",以及"苏州园林创新发展行动计划",从而确保

苏州园林创新的规范性、有序性和引领性，为苏州园林产业引领长三角乃至中国园林高质量发展提供有力支撑。

二是共同整合和完善一个"苏州园林发展体系"。2021年，美丽的社会主义现代化强国建设新征程即将开启，长三角生态绿色一体化发展示范区建设、长三角大花园建设和美丽江苏建设深入推进，苏州园林必须避免单一的传统园林发展格局，建设一个古典园林与现代园林相融合，私家园林与公共园林并存，城市园林与乡村园林相和谐，家庭花园、小区景观、社区绿化、园区公园、区域大花园有机一体的多样化"苏州园林发展体系"。

三是共同打造一个高质量的中华民族园林品牌。质量是园林的生命，品牌是质量的结晶。香山帮以其"和谐之美"的造园理念和精湛的园林技艺，把苏州园林打造成了"中国园林"，成为园林中的典范，成为世界园林的民族品牌。因此，苏州园林创新就是要大力弘扬苏州古典园林的高雅品位和中国香山帮工匠精神，把"苏州园林"打造成新时代"美丽江苏""长三角大花园""美丽中国"的现实样板，把"苏州园林"打造成为"一带一路"沿线国家和世界园林中的优质民族品牌。

四是共同打造一个园林产业共同体发展平台。苏州园林企业大多存在人才断档、小而散、大项目竞争优势不强等不足，这就需要苏州园林业界"抱团"发展，协力打造共同体创新发展平台。

首先，协同培养香山帮园林人才是根本。一方面，苏州出台"香山帮人才培养扶持政策"，集聚社会力量成立"香山帮学院"；另一方面，加强校企合作，成立"香山帮人才培养基金"，支持企业与高职高校开展顶岗式、嵌入式人才培养。

其次，协同打造"苏州园林产业创新发展联盟"，整合行业力量和集聚社会资源，加强全产业链合作，共同打造引领行业发展、区域发展的园林产业平台。

最后，协同成立"苏州园林创新研究院"，加强合作研究，共同研发技术，攻克难题。

五是共同履行园林承传创新责任。苏州园林人肩负着新时代承传与创新的历史使命。一方面，传承和弘扬苏州园林的优秀传统，主动向外输出民族品牌，扩大自己的影响力；另一方面，要主动选择、吸收外来精华，在传统中注入新的活力，争做创新标杆。

同时，园林行业推进企业社会责任圈建设。建议由政府牵头，园林行业主导，全面构建"苏州园林企业社会责任建设联盟"，在全国率先编制"园林企业的社会责任标准体系"，开展标准体系认证，发布企业社会责任报告，打造有担当、愿奉献、讲责任的"苏州园林产业责任共同体"。

六是共同构建一个园林高质量发展新格局。苏州园林应大力弘扬苏州园林的精致高雅风格，践行香山帮精益求精的工匠精神，坚持科技引领，文化为魂，生态为基，质量为核，追求卓越，打造高质量共建、共治、共享的园林发展新局面，为子孙后代留下更多高品质的园林作品，为苏州园林高质量发展、走在全国前列作出更大的贡献。

以古为源，与时为新

——从悦容公园谈新时代中国园林营造法式的探索

贺风春*

一、中国园林——中华基因的最美表达

"中华文化源远流长，积淀着中华民族最深层的精神追求，代表着中华民族独特的精神标识。"中国传统思想文化"体现着中华民族世世代代在生产生活中形成和传承的世界观、人生观、价值观、审美观等，其中最核心的内容已经成为中华民族最基本的文化基因"。中国园林是历代中国人构建的理想生活模型，融合了我国文学、绘画、建筑、音乐等艺术形式，是综合性的文化载体，是中国文明的重要外部表征，从物质和精神两个层面体现最美的中华基因。中国传统园林三千年的发展历史就如同一幅延绵不绝的立体卷轴，将不同时代的生动场景统一在"天人合一"的山水画境里，纵使造园技法和艺术表现形式变化丰富，但其中所体现的经典营造理法和哲学思想，是中国园林文化生生不息的根脉和源泉。与此同时，这也耦合了"文化基因"的稳定性与变异性，揭示了中华文化葆有长久生命力的奥秘。

今天我们探索"新时代造园法式"，谈的不是园林技法，而是从开放和多维的视角，挖掘中国园林的内在精神追求和文化脉络，总结其形式表象背后的营造理法，探索在生态文明发展的特定时代背景下中国园林的传承和其内涵的拓展。

---

* 作者简介：贺风春，中国园林行业著名设计大师和企业家。参与多项关于园林专业的国家规范和行业标准的制定。主持和参与国内外重大工程300余项，先后获得中国优秀工业设计奖国家级铜奖；省部级优秀设计一、二等奖30余项；世博会大奖、金奖；中国风景园林学会科技进步奖、规划设计奖一、二等奖；全球人居环境奖和特别贡献奖、亚太地区文化遗产保护奖杰出奖、国际风景园林师联合会（IFLA）AAPME杰出奖等国外设计大奖多项；主编《苏州园林》《雄安新区悦容公园园林设计》《500种常见园林植物识别图鉴》等学术论著，有多篇专业论文在《中国园林》和《风景园林》上发表。主持和参与了美国波特兰"兰苏园"、洛杉矶亨廷顿图书馆"流芳园"等国外项目设计。

二、悦容公园:以古为源,传承基因

《河北雄安新区规划纲要》"城市风貌特色"部分指出,塑造中华风范、淀泊风光、创新风尚的城市风貌。传承中华建筑文化基因,打造中西合璧、以中为主、古今交融的建筑风貌。作为新时代中华营城之典范,雄安新区的"中华基因"如何呈现?这是悦容公园的营造需要思考的核心问题,也是时代赋予的巨大机遇和挑战。

(一)悦容公园——雄安新区的"中国面孔"

悦容公园作为雄安新区第一个综合性大型公园,位于起步区南北中轴线北延伸段、容东片区与容城县城之间,总面积约230公顷。悦容公园规划设计以中国园林"天人合一、师法自然"的哲学理念为指导,以中国传统园林文化为核心,以中国造园史纲为脉络,集合南北园林造园法式精粹,充分运用中国传统园林造园智慧,以"城景融合"及"三段论"的叙事式设计方法,构建"一河两湖三进苑,千年绿脉显九园,融绘古今画中来,中国园林呈经典"的空间意象,为市民创造了新时代园林生活的空间载体,使"居之者忘老,寓之者忘归,游之者忘倦"。以把社会美和文化美融于自然美又高于自然美的中国园林艺术美,绘就"大美雄安、中轴礼赞、筑梦桃源、秀美景苑"的悦容画卷。系列主题"苑中园"共同形成中国园林的室外大讲堂,中国园林文化和造园技艺得到了生动的传承和发展,推动中国园林文化在雄安新区落地生根。

图1 悦容公园区位及山水关系图(项目组自绘)

图 2　悦容公园鸟瞰效果图(项目组自绘)

(二) 向经典致敬,传承园林艺术

罗哲文先生说:"《园冶》总结了中国古典园林的造园艺术,是我国第一部系统全面论述造园艺术的专书,促进了江南园林艺术的发展,是我国造园学的经典著作。此书的诞生,不但推动了我国造园历史的进程,而且传播到日本和西欧。"因此,可以称之为"世界最古之造园书籍"。书中对造园的意义、园林建筑艺术以及造园艺术,以优美的骈文形式加以阐述,是中国古典园林造园法典。

在悦容公园营造过程中,我们学习研究《园冶》的造园思想、艺术理论、造园技法和建造工法等,并运用到公园总体规划和"苑中园"及各个景点的规划建设中,紧密结合现代社会居住、生产、生活和休闲文化需要,体现了从理论到实践、继承和发展并重的现代造园思想。

三、悦容公园:循源前行,生生不息

(三) 师法自然——造园之根本

新时代的"自然观"是树立尊重自然、顺应自然、保护自然的生态文明理念,走绿色可持续发展道路。这是雄安的建设大法,也是悦容公园规划设计必须遵循的上位法,是公园设计的根本原则。现代中国园林不仅注重园林景点的创作及山水空间环境的营造,也注重广义自然之道,即自然生态环境的系统性、整体性、平等性等。师法自然的含义是向自然学习,学习自然之境,也学习自然之道。

1. 师法自然之道:生态体系的构建

悦容公园从宏观层次构建蓝绿空间格局到微观景观节点营造,形成完整的生态体系,融入城市生态系统,承担区域生态功能。构建一河(生态河)两湖(文化湖、活力湖)的河湖共生、弹性调控的水系格局。"一河"生态廊道,形成河流消落带,通过近自然植物群落的设计方法,营造多样的生物栖息地;融入城市防洪排涝体系和海绵系统,建造具有弹性调蓄、源头净化功能的海绵绿地。"两湖"水位相对稳定,与河流可分可合,保证园林景观效果。以城市森林生态系统为基质,重构并完善"林、田、湖、河、草"的复合生态系统,构建密林、疏林、农田、河流、湖泊、滩涂、湿地、草地八类生境,并逐渐形成动物栖息地的重点保护区和缓冲区,为物种提供适宜的生长演替空间。多样的生境营造包括多种类和多尺度以及多种群落组合在不同规模不同场域发挥效用,从而提升全园的生物多样性和生态稳定性。

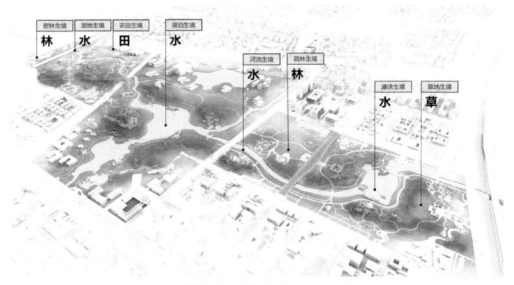

图3　悦容公园生境类型(项目组自绘)

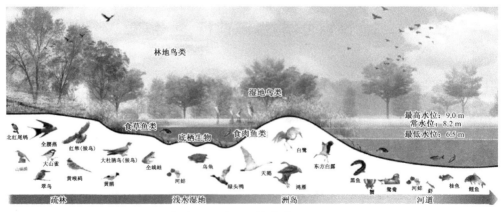

图4　悦容公园滨水生境营造(项目组自绘)

2. 师法自然之境：山水意境的营造

悦容公园西北向有太行为守，南向以白洋淀为汇。但其所在区域，地势平缓，植被单一。平原托沃野，起伏生林泉。规划遵循"因地制宜"的造园精神，通过挖湖堆丘的生态造园手法，筑微地形，弱山形，重山意，塑造张弛有度的山脉，自北向南起伏延伸，犹续太行绵延之势。所谓"太行一脉走蜿蜒，莽莽畿西虎气蹲"。通过重塑公园地形间架，形成北中轴气韵连贯的山水之势，阴阳和合的礼序山水，使山水成为"文化的自然"。

幽泉出山，源于太行，生态主河道承接台上山南拒马河来水，自北向南向中轴延续，形成流动的悦容之脉。东湖利用现状坑塘，借壁为山，局部运用夸张的艺术手法体现山水园林意境。远观微丘延绵，开合有致，近赏卷山勺水，气象万千。

图5　悦容公园山水脉络构建（项目组自绘）

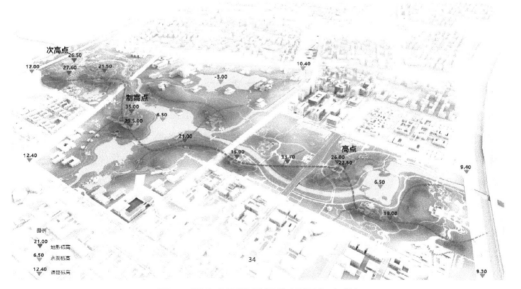

图6　悦容公园地形塑造（项目组自绘）

（二）诗画成境——艺术美的创造

1. 诗画有园，风景营城

中国的山水诗、山水画、山水园是一脉相承的，山水诗是"诗中有画"，山水画是"画中有诗",模山范水的山水园是"立体的画,无声的诗",其中包含着深刻的人生体验,表现了中国人的民族底蕴、古典气质和性情。

1990年,钱学森先生在给吴良镛先生的信中写道:"我近年来一直在想一个问题:能不能把中国的山水诗词、中国古典园林建筑和中国的山水画融合在一起,创立'山水城市'的概念?人离开自然又要返回自然。"如今借雄安新区造园这个历史契机,我们再度尝试以新时代的营造法式,从更深刻的角度回应这个经典的命题:不仅停留在表达诗意的设计愿景,同时尝试用诗画共融的设计手法引导园林空间的创作,乃至城市风景的营造。

2. 悦容之诗,悦容之画

悦容公园设计诞生于一幅中国山水画《悦容春晓图》,展开于三篇园林诗,生长出九个精美园林,十八个如画景点,将中国园林之美娓娓道来。公园以山水脉络为主干,以诗意的空间意境形成"三进苑":北苑——林泉成趣、自然朴野,隐喻园林始于自然;中苑——大地诗画、园林集萃,走向园林之繁盛,汇聚园林之精粹;南苑——蓝绿续轴、景苑胜概,展望园林的新时代生态文明愿景。

图7 《悦容春晓图》(华海镜绘)

北苑——生态自然之苑	中苑——园林艺术之苑	南苑——人文共享之苑
缘溪行,	双湖合璧,鹤鹿同春,	百花齐放,凤台舞春;
蒹葭苍苍,	塔影栖鹤,借壁画潭,	中轴礼赞,一池三山,
芦淀秋晚,	东台迎旭,松鹤飞瀑,	西岸梅园,香雪迎客,
出而访菊,	仰观白塔晴峦,	淀边人家,自然童行;
东篱把酒,	俯瞰江南胜境,	东岸画桥,莲池夕佳,
见南山悠然,	图画天开。	泛舟载霞,凌波仙航;
真自然。		北丘高阁,容景揽胜,
		礼乐相和,雅音会友。

"九园"指汇聚中国南北园林特色、营造法式和园林文化精粹于一体的"苑中园",由九位知名的中国园林设计大师领衔主创设计,分别为松风园、环翠园、桃花园、白塔园、清音园、拾溪园、芳林园、燕乐园和曲水园,她们犹如九颗中国园林集萃的硕果缀满枝头,挂结在悦容之树上,汲取着雄安沃土的养分,散发着中国园林的魅力和芬芳,每个园子都蕴含

图 8 悦容九园(项目组自绘)

着一个故事、营造着一种氛围、描绘着美好的生活,传承并创新着一套营造法式,传承着中国文化精神。

(三) 城苑共融——城园关系的构建

如果说传统中国园林表达的境界多是脱离于尘世的林泉意趣,那么在公园城市背景下的悦容公园则是拥抱城市,规划设计以实现"城中有园,园中有城"的城苑共享关系和城绿交融的特色城市风貌为愿景,从生态体系构建、城市空间协调、基础设施协同、功能和风景的共享等角度,聚焦以人民为中心的公园城市系统完善,赋予公园生态、文化、活力等多个层面的意义,提高生活品质,激发城市活力,提升城市价值。

1. 再塑历史名胜,营造城市风景

依托历史名胜"容城八景",以"白塔鸦鸣""古城春意""易水秋声""白沟晓渡"为景点蓝本,创作具有历史人文美的景点,展现容城最有代表性、最深入人心的自然景观和人文景观。

昔日守护着容城的宋代白塔,是这个地区的精神堡垒、文明标志,见证了历史上秀丽丰茂的容城景象,寄托着百姓对生活的希冀和热爱。新"白塔鸦鸣"充分尊重历史资料中对白塔的记载与描述,深刻研究塔与园、塔与城的关系,构筑城市新的天际线,成为延续历史文脉的城市新风景地标。

图9　白塔园鸟瞰效果图(项目组自绘)

2. 打造人民的公园,共享园林生活

织补城市功能。根据悦容公园周边城市开发地块的不同功能属性,有针对性地植入多元复合的服务及游憩功能,实现与城市功能的互补。充分发挥其公共服务属性,联动容城与容东新区,构建以园林为载体的城市活力核心。

城园共享界面。规划将慢行系统、公共服务设施、园林艺术展示空间、商业休闲空间融合于城苑过渡带中,东西方向强调联结,复合联动城市片区,南北方向贯通统一界面,形成"3+5+X"的共享边界模式,形成五大共享界面,从而实现了园与城的多向渗透融合。

尽享园林生活。文人园林的普及,拓展了文人雅士的活动交流空间;同时园林风雅生活也影响了文化活动的发展,经历了独享到众乐的变化。悦容公园规划设计依托不同的园林建筑和环境,从现代生活需求出发,进行了五个方面的功能活动策划:文化休闲、康体健身、教育科普、生态价值、防灾减灾,充分发挥园林的价值,真正实现"人民公园为人民",同时让园林文化在日常生活中得到生生不息的传承。

图10　悦容公园共享园林边界(项目组自绘)

四、营造有法，匠心有道

悦容公园以园林集萃写意的方式，致敬经典，传承艺术，融百家之长，集南北造园意趣，汇经典造园理法之大成，是充溢着中国深厚文化底蕴和园林文化精粹的实景园林博物馆，这也将是全国首座园林室外大讲堂。植根中华基因，从中国山水精神和哲学的角度，对设计加以总结提炼，以古为源、与时为新，形成悦容造园"六章、十二法、七十二式"，为后续方案实施、开工建设和传承学习提供有力支撑和保障，探索中国园林营造法式的传承、创新和发展。

悦容公园开创的九师共绘、众创众规模式，不仅是园林艺术的传承与发展的实践，也是对现代风景园林营造模式的创新探索，更是一次中国园林界历史的盛会。园林人同行，以"中国园林在雄安的传承和发展"为使命与责任，充分挖掘中国园林几千年的文化瑰宝，探索新时代中国园林的传承与创新，弘扬民族气质和文化自信，实现中国园林的历史性复兴，为中国园林行业的发展探明方向。

参考文献

［1］习近平.习近平谈治国理政［M］.北京：外文出版社，2014.

［2］习近平.在纪念孔子诞辰2565周年国际学术研讨会暨国际儒学联合会第五届会员大会开幕会上的讲话［N］.人民日报，2014-09-25(24183).

[3] 中共河北省委,河北省人民政府.河北雄安新区规划纲要[N].河北日报,2018-04-22(2).

[4] 文震亨.长物志校注[M].南京:江苏科学技术出版社,1984.

[5] 计成.园冶注释[M].北京:中国建筑工业出版社,1981.

[6] 韦摘.中国杰出科学家钱学森院士对建设"山水城市"的论述(摘录)[J].广东园林,2001(4):21-23.

为美丽中国而设计
创建首个"国家生态园林城市群"的苏州实践

贺风春

苏州自然资源禀赋极佳,总面积有8 657.32平方千米,其中,古城面积为14.2平方千米,拥有150多千米长江岸线,约3/4太湖水域面积。林地保有量为563平方千米,省级以上自然保护地面积有759.4平方千米,自然湿地面积有2 688平方千米,这三者占全市国土面积的1/3。截至2021年,苏州的常住人口有1 284.8万人。苏州有2 500多年的建城史,一直是江南地区的政治、经济、文化中心,工商业繁荣,人文荟萃,百姓安居。古城基本保持着"水陆并行、河街相临"的双棋盘格局和"小桥流水、粉墙黛瓦、史迹名园"的独特风貌。

苏州园林文化底蕴深厚,有9座古典园林被联合国教科文组织列为世界文化遗产名录,108座园林列入《苏州园林名录》,目前已有90座对外开放,开放率达83.3%。隽山为屏,四角为楔,苏州市构建了"人工山水城中园"的艺术特色和"自然山水园中城"的生态空间,积淀着集传统文化、美学哲理为一体的卓越价值,自古以来就有"人间天堂""园林之城"等众多美称。

2005年,苏州全面启动了国家生态园林城市创建工作,并将其列入苏州"十一五"经济社会发展规划和第十次党代会的奋斗目标。2007年,苏州市及下辖的常熟市、昆山市、张家港市被列为"国家生态园林城市试点城市"。

图1 业务类型简图

2011年,再次将创建国家生态园林城市列入苏州"十二五"经济社会发展规划,力争成为首批国家生态园林城市,苏州市第十一次党代会又将苏州实现国家生态园林城市群作为创建工作整体目标。2016年,苏州市、昆山市被命名为首批国家生态园林城市。2017年,常熟市、张家港市被命名为第二批国家生态园林城市。2020年,住房和城乡建设部公布了2019年国家生态园林城市名单,太仓市名列其中。苏州市成为全国第一个国家生态园林城市全覆盖的市域,在全国率先建成"国家生态园林城市群",成为全国令人瞩目的"苏州板块"。经过多年的实践,苏州已形成了创建国家生态园林城市的"苏州典范",包括绿地系统规划、古典园林保护与修缮、人居环境、公园城市、生态湿地风景名胜区、园林出口、开放空间等方面。

一、山水布局——绿地系统规划

《苏州市城市绿地系统规划(2017—2035)》的美丽愿景是"天堂苏州·园林之城"。保护江南水乡生态安全,修复市区"四角山水"的理想空间格局,建设"沿江沿河"生态廊道,构建丰富多彩的自然保护地体系,以古城风光环、边界缝合环、城市公园环、郊野生态环及滨水生态廊道建设为纽带,形成多类型、多层次、多功能、网络化的绿色空间体系,最终实现"美丽幸福新天堂"的城市发展目标。

苏州城区位于太湖流域的水网平原地区,因远古时代的海陆变迁而形成了一种自成体系的山水特色。苏州的水以太湖为主体,与娄江、吴淞江、胥江、大运河、太浦河、阳澄湖、金鸡湖、独墅湖、黄天荡以及遍布城内外的大小河流,形成了星罗棋布的水流体系和水上交通网络。苏州城西山岭逶迤,将主城与太湖东岸隔开。山体不高但绵延不断,五峰山、鸡山、灵岩山、天平山、渔洋山、香山、尧峰山、七子山等,既为城市屏障,又为城市景观。苏州古城的营建将自然和人工开凿的河道水系与方格网道路系统密切结合,形成了水陆结合,路、河平行相靠的"双棋盘式"城市格局。

太湖山水是苏州生态核心,城西的山林岗丘是城市的生态边界及城市发展缓冲带。然而苏州的新区建设贴山而建、部分山体被侵占,对传统低山平湖的生态格局造成很大破坏。市区内基本无全线贯通的生态廊道。

斜塘、娄江绿地面积占比高,绿地景观功能和生态功能较好;上塘河、元和塘河道现状非绿地占比超过40%,生态功能明显不足,需要进一步增加绿地面积、提高绿地生态效益;大运河两侧绿地已进行局部提升;吴淞江、望虞河、太浦河作为区域型主要水脉,具有重要的生态功能,目前仍处于未实施保护的原生河道状态。

明确核心保护区,修复四角山水绿楔,确立生态边界,识别、划定重要绿地斑块,构建生态廊道保护网络,提升生态系统质量和稳定性,形成优美自然的山水生态格局。保护和提升古城及周边蓝绿网络,形成传统与现代交相辉映的城市风貌特色,重点保护古城内及市区范围内的苏州古典园林,彰显苏州特有的园林文化。

图 2　苏州四时美景图

构建以苏州园林特色公园、城市特色公园、郊野特色公园为主的三大类特色公园系统。延续已有的滨水慢行道，增设重要的生态滨水绿道和串联特色公园系统的滨水绿道，形成市区范围内完整的滨水慢行体系。构建以古城为中心向外辐射的蓝绿网络，实现湖山向城市渗透的生态格局。保护和修复"四角山水"的理想空间格局，形成多类型、多层次、多功能、网络化的绿色空间体系。

苏州生态空间布局，两片区：西部太湖山水片区；南部江南水乡片区。四楔：西南角"七子山—石湖—东太湖"绿楔；东南角"澄湖—吴淞江—独墅湖"绿楔；东北角阳澄湖绿楔；西北角三角咀绿楔（虎丘湿地公园）。四环：内环为古城风光环——"环古城护城河绿化景观带"；二环为边界缝合环——"京杭大运河—京沪高速沿线—苏嘉杭高速沿线—澹台湖滨湖公园"；三环为城市公园环——"上方山森林公园、石湖湖滨公园—天平山景区—大阳山森林公园—大白荡生态公园—荷塘月色湿地公园—花卉植物园—环秀湖公园—金鸡湖公园、独墅湖、星塘街绿带—吴淞江绿带—东太湖生态公园—天鹅湖公园"；外环为郊野生态环——"盛泽荡湿地公园—漕湖湿地公园—望虞河绿带—太湖沿岸生态片区（包括东、西山）—吴江大道绿带（胜地生态公园）—南星湖、同里湖等湿地公园—吴淞江滨江绿带—澄湖生态片区—常嘉高速沿线绿带—阳澄湖（莲池湖公园、美人腿景区）"。多廊：一纵,大运河绿廊;三横,淞江绿廊、太浦河绿廊、望虞河绿廊。九溪:正北方向的元和塘;西北方向的西塘河;正西方向的上塘河—枫津河;西南方向的胥江;西南方向石湖;东南方向的黄天荡—独墅湖;东南方向斜塘河;东偏北方向的娄江;东北方向的外塘河—阳澄湖。

苏州生态园林城市的特色。绿色生态:生态安全,系统保护——保护太湖生态核心,修复四角山水绿楔,建设生态绿道,确立生态边界,形成优美自然的山水生态格局。文化传承:遗产品质,古今融合——保护和提升古城及周边蓝绿网络,保护和传承世界文化遗产,形成传统与现代交相辉映的城市风貌特色。幸福生活:绿色共享,公众参与——构建特色城市公园体系,持续建设大型绿地,不断促进各类公园绿地免费开放;完善慢行绿道体系,为人民群众提供更多的绿色参与空间。

苏州生态园林城市建设的原则。生态性原则:实施重要生态系统保护,优化生态安全屏障体系,构建生态廊道保护网络,提升生态系统质量和稳定性。特色性原则:彰显苏州园林的传统文化、园林特色,突出水网密布的水乡特色。系统性原则:用植物造景的系统性来强调城市绿化的整体感。层次性原则:规划区间层次性、物种层次性、色彩层次性等。全域管控原则:注重引导城乡空间协调发展,实现全域管控。

二、生态保护——从虎丘湿地公园建设看江南水乡美景

(一) 两个阶段,两个转变

虎丘湿地建设经历了两个阶段。2006年到2012年,以清理淤泥、疏通鱼塘水系、种植乡土植物为主的生态修复过程;2013年到2018年,则是以建设道路、水电、水闸等基础设施,增加观赏植物种植以及部分服务设施为主的公园建设过程。整体设计紧扣"岛岸湖湾、隐逸之洲"设计主题,从场地的肌理与特质出发,展现岛、岸、湖、湾等自然形态,使其成为一处传承吴文化文脉因子、人与自然和谐共生的天堂湿地,一处生态保育、度假休闲、科研教育多元共生的湿地天堂。虎丘湿地成为江南水乡特色湿地,拥有丰富多样的生态系统,形成自然原真的生物栖息场所,打造出姑苏韵味的城市湿地公园、联动虎丘的高端旅游产品。

(二) 节约使用土地

依据现状资源形成岸-湖-湾-溪-林-河-塘-岛-田复合生态系统。对原有场地内鱼塘进行改造利用,将场地特征与设计相结合,尊重场地记忆(鱼塘、渔家)的基础上,恢复近自然的生态系统。原有场地的鱼塘水体流动性较差,不同区域水质相差较大,通过水系梳理、环通让水体充分流动起来,恢复水体原有生态功能,对水质改善、水生动植物多样性提升有着显著作用。设计"水八仙"种植区,展现江南水乡农产品及传统特色食物。鱼塘中点缀"渔家",延续当地传统民居风格,作为农耕文化展示与科普体验场所,以田园农舍的

形式表现原始朴素的农耕文化、士大夫"隐逸"文化。对现状林地进行利用，合理利用场地内苗木，形成独特的植物景观。

（三）生态和节约技术在深化设计中的应用

1. 整体采取圈层渐进开发模式

内层——隔离模式。湿地是生物多样性集中分布区，是很多野生动物的栖息地，应在核心保护区内设立"禁人区"，隔离人的任何方式的游憩行为，将人类与湿地环境完全分隔，提升生态恢复和湿地价值。出于既要保护又要接近的需求，可以采取远距离的视线触碰的方式，在不惊扰动物的休养生息、不破坏保护地价值的前提下，满足城市居民的观赏要求，加强人们对湿地的认知。

中层——交织模式，散点式的人与自然对话。由于人本能地偏爱凭靠小空间去观察大空间，所以在湿地公园的某些区域，可以利用此特点构建分散的小空间，如隐蔽的停留点、休息平台等，合理展示湿地资源。在湿地公园的建设中，可以通过湿地公园的游览路线的组织，多种交通方式如游船、步道、栈道等介入，构建流动的现实空间，使人们走进大自然，融入大自然，体验大自然的清纯与美妙。

外层——融合模式。城市湿地公园作为湿地和公园的复合体，除了多种自然功能之外，还应有历史、文化、旅游等社会功能。城市湿地公园的建设应当将各种发展需求统筹考虑，依据资源的重要性、敏感性和适宜性，综合安排、协调发展，为人们提供交往、聚会、休憩、游玩、演出等多样活动集合的游憩场所。

2. 低干扰的多样化生境营造

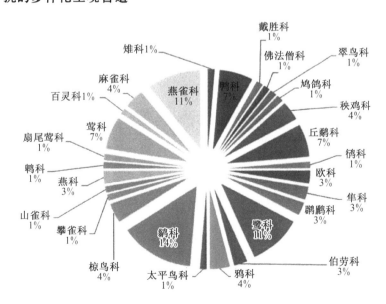

图3　湿地鸟类种类比例图

着重营造多样化生境,为丰富生物多样性奠定基础,形成一个多种植物生境的湿地系统。湿地生境——湖泊、池塘、浅滩、沼泽、滩涂、河流等。林地生境——乔木林地、灌木林地、疏林地等。栈道穿插于湿地水生植物园中,与涵养林保持一定的距离,将对动植物的干扰降到最低。园内食源类植物的种植,为保护鸟类多样性提供一定程度的保障。园内多处营造无人岛屿,冬季保留芦苇荡,为生物留出栖息空间。通过营造多样化生境、最大程度降低人为干扰、配合食源植物等多方面的努力,目前公园在生物多样性方面已初现成效。根据前几年虎丘湿地公园生物多样性调查数据,园内目前存在鸟类 100 余种,隶属于 8 目 27 科。

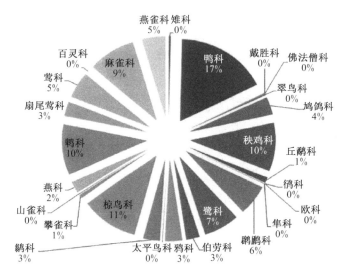

图 4　湿地鸟类数量比例图

由每月鸟类趋势图可知,鸟类的种类和数量基本遵循冬季逐渐增多、夏季逐渐减少的趋势。

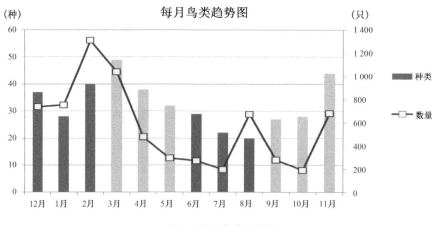

图 5　每月鸟类趋势图

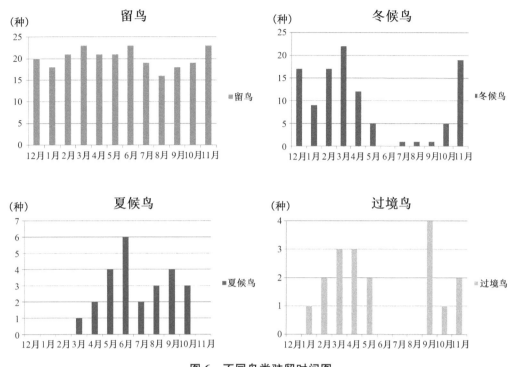

图6 不同鸟类驻留时间图

3. 乡土植物应用，低成本维护的绿化设计

营建地域性特征突出，丰富多维的植物景观，以乡土植物营造骨架，以新优品种提质增彩。

表1 苏州虎丘湿地公园植物分类统计

类型		科数	科数比例/%	属数	属数比例/%	种数	种数比例/%
蕨类植物		5	4.8	5	2.1	5	1.5
裸子植物		3	2.9	5	2.1	11	3.2
被子植物	双子叶植物	81	77.9	189	77.7	263	77.6
	单子叶植物	15	14.4	44	18.1	60	17.7
总计		104	100	243	100	339	100

统计显示，虎丘湿地公园现有的339种植物中，有乡土植物250种，外来植物89种。据统计，虎丘湿地公园现共有维管植物104科243属339种，其中，蕨类植物有5科5属5种，裸子植物有3科5属11种，被子植物96科233属323种。

低成本维护的湿生植物的运用，营造出粗朴自然的湿地环境（表2）；同时为鸟类提供觅食、栖息、躲避危险的环境（冬季保留芦苇荡）。低成本维护的宿根花卉植物的运用为湿地增彩。

表 2　水生植物生态类型统计

类型	种类	优势种
挺水植物	23	芦苇、荷花、水烛、再力花、梭鱼草、千屈菜、菰
浮叶植物	5	红睡莲、荇菜
漂浮植物	4	水鳖、槐叶蘋、满江红
沉水植物	9	黑藻、菹草、穗花狐尾藻

4. 海绵技术在绿地中的应用

坚持"最小干预、最大参与、软硬结合、主从有序"的原则，公园提出"高定位、大格局"的目标，努力构建国家级的海绵城市经典案例，构建自然生态手法的雨水管控示范，打造江南地区水文化的生态科普课堂及最具显示度的海绵城市项目，树立效益最高的综合协调发展典范。

2006年（建设前）：由于农村承包责任制和城市快速建设，人工鱼塘和工业用地吞噬自然湖面，河道淤积，污水漫流，生态系统紊乱，生态功能减弱。2020年（开园前）：通过水系梳理、环通让水体充分流动起来，恢复水体原有生态功能，对水质改善、水生动植物多样性提升有着显著作用；整治白鹭港，引水入虎丘湿地公园内部，打通公园内部三大片区，提高水质的稳定性。

消纳部分城市雨水，引入人工湿地，净化再排出，实现雨水在城市中的自由迁移。不同形态水体的结合、大水面及湿地的营造使其在蓄洪排涝方面具有更强的适应性。本公园以净、渗为主，滞、蓄、用、排为辅方式。通过节制闸等水利设施合理控制水位，确保景观效果和湿地功能的平衡统一。

从场地的肌理与特质出发，梳理现有水系，沟通场地内的河道、水塘，形成"岛岸湖湾、隐逸之洲"。营造形态优美、水质清澈的生态载体，充分发挥其在雨水调蓄、净化水质多方面的作用。

"十大海绵技术"助力，打出海绵设施组合拳，系统性构建"小细胞"到"大格局"的场地组成。坚持生态学原理和生物多样性保护的首要原则，在研究苏州乡土植物的综合功能和群落构建基础上，因地制宜、细致入微，探索路径、调研产品、改善工艺，秉持"精细化、精准化、精致化、精品化"的原则，以"小精巧"技术措施，精雕细琢。形成生态草沟、雨水花园、生态滞留池、集雨型绿地、透水铺装、湿塘、小微湿地、深井灭藻系统、多塘系统、根孔湿地等系统。

图 7　两个阶段两个转变示意图

净化塘相互串联,水源由地形最高的净化塘逐级跌落,通过增氧及各类水生植物直观展示水体净化过程。通过以上措施,湿地公园内水质得到明显提升,内部水体稳定为Ⅲ类,局部水体部分可达Ⅱ类。水生态系统明显改善,水生植物已达100余种、水生动物已达30余种。物种调查中已观测到18种鱼类,生活在不同水深环境中;两栖动物6种,多见于潮湿的水岸。两个阶段,两个转变。第一阶段:鱼塘退养、水系沟通、进行以植被修复为主的生态修复;第二阶段:分期植入江南风貌的游憩设施,提高湿地公园的游览功能。通过两个阶段的建设工作,实现了由城市废弃地向生态环境质量优良地区的转变,成为苏州城市的生态"绿肺"和"绿肾";同时,又为苏州市民提供了新的休闲游憩地,与虎丘风景名胜区联动,进一步彰显了苏州深厚的历史文化底蕴和江南水乡特质,成为苏州城市的文化地标和"公共客厅"。

三、公园城市——从公园绿地创建美丽宜居新天堂

以习近平新时代中国特色社会主义思想为指导,全面贯彻党的十九大和十九届历次全会精神,坚持以人民为中心的发展思想,深入践行"绿水青山就是金山银山"发展理念,以加快建设"创新之城、开放之城、人文之城、生态之城、宜居之城、善治之城"为目标,高水平构建"山水融城"的公园城市,不断推动绿色空间开放、共享、融合,绘就江南水乡最美生态底色,满足人民日益增长的美好生活需要。

(一)基本原则

坚持人与自然和谐共生理念。注重城乡生态空间的连续性、整体性、系统性,促进山、水、人、城和谐统一,打造"真山真水园中城,人工山水城中园"的"城市-自然"空间嵌合格局。

坚持区域特色生态空间格局。从本土性、文化性、多样性出发,打造贴合长江下游太湖平原特质的自然生态系统,始终保持城乡历史记忆,全面提升美丽宜居环境,使城市成为良性循环的有机生命体。

坚持优美环境普惠民生导向。充分发挥山水景观和园林艺术珍贵特色,推动"园林外移",统筹公共生态空间,整合闲置用地资源,见缝插绿,持续推进口袋公园建设,满足人民群众"转角遇到美"的生活新期待。

(二)总体目标

长江、太湖、南部水乡湿地带为界的江南水乡绿色空间本底得到完整保护,"四角山水"为主的城市特色空间格局基本建立,"自然公园、森林湿地、城市绿化、城市公园、古典园林"五大生态系统有机串联,城乡生态环境质量整体改善,"处处皆景、城在园中"的"公园城市"形态基本形成。

(三)具体目标

到 2025 年底,全市自然保护地、自然湿地面积分别稳定在 759.4 平方千米、2 688 平方千米,营造林抚育 10 万亩(约 66.67 平方千米),林木覆盖率稳定在 20.55%,自然湿地保护率超过 70.5%。新增和改造城市绿地 12 平方千米、城市公园 25 个以上、口袋公园 240 个以上、绿道 50 千米以上,公园绿地总面积达到 80 平方千米以上。全市《苏州园林名录》园林开放率达到 90%以上。

(四)主要任务

第一,厚植江南水乡生态基底。以系统思维保护山林和湿地资源;以共生理念实施生物多样性保护;以红线意识强化自然保护地管控。第二,串联"四角山水"绿道网络。优化"四角山水"空间布局;实现古城联通"四角山水";推动"四角山水"走向市域。第三,构建城乡一体公园体系。"内环"社区和口袋公园;"中环"城市公园;"外环"自然公园。第四,彰显苏州园林遗产价值。因时而进推进园林整体保护;因地制宜推行"园林外移";因机而动加快建设园林数字化;因势利导扩大园林艺术影响。第五,打造"公园+"苏式生活典范。亲山近水乐享自然意趣;游园品牌提升城市魅力;园事花事赓续文脉精神。

(五)持续推进口袋公园建设

1. 昆山长江路口袋公园建设案例

长江路口袋公园项目位于昆山市核心区的长江路,是昆山近几年着重发展的重点区域。原来道路两侧多为办公、生产区域,道路形式以简单的绿化为主,随着城市的不断发展,长江路沿线逐渐成为集商业、居住、办公为一体的多功能复合型生活区,长江路改造项目创新尝试以模块化的空间进行城市"微更新",满足周边市民日益增长的休闲活动需求,提供一个具备舒适性、安全性、生态性、高品质的休闲活动场所。

设计策略:第一,延续生态。设置雨水花园、生态草沟,采用透水铺装形成海绵城市系统。第二,连续慢行。保证市政人行道连续畅通;绿化带中加入园路,提供休闲步行空间。第三,完善功能。结合慢行系统在绿化带中增加儿童活动、休闲聚会、公共集会等功能。第四,安全使用。儿童活动场所使用安全性环保材料,设立安全使用铭牌。第五,现代精致。设计对铺装、小品、植物要求高品质、精做工,体现现代城市环境风貌。

设计手法:第一,秉持海绵城市理念,设置两侧绿化带。第二,强化重要节点,保留并优化现状大部分乔木和已建景观区域。第三,串联市政人行道与休闲园路,形成慢行体系。通过上述设计手法,使该项目成为一个集海绵城市、亲子活动、康乐休闲、聚会交流等多功能的市民休闲绿带,为昆山城市道路公共空间的提档改造提供了实验成功范例。

2. 苏州工业园区现代大道口袋公园

苏州工业园区现代大道是中国最具识别度的城市景观大道之一,是苏州第一条以线性公园为理念的景观大道。现代大道自东向西延伸9千米,沿现代大道自东向西行驶时,人们将体验到丰富变幻的景观,这种体验在密集的商务行政中心区达到顶峰,随后望向开阔的金鸡湖滨水岸线。

设计策略:第一,土地使用性质从东边的工业向西边的居住,商业办公混合使用以及文化过渡,景观大道的特征也随着土地使用性质的变化而变化。第二,大规模的树阵和开敞闭合的空间韵律定义了沿途驾驶行进的体验边界。

设计手法:第一,非机动车道则以舒适的骑行尺度为出发点,通过低矮植物的布局配置创造出更为宜人的骑行体验。第二,连续贯通的人行步道蜿蜒于线形公园的绿化空间内,与一系列个性化的特色活动空间的口袋公园毗邻的建筑地块,以及位于每一个十字路口的遮篷构架连接起来。第三,沿现代大道的线形公园成为社区休闲开放空间和绿色网络不可分割的组成部分,为相邻地块的未来开发预留了私有与公共空间相互融合的连接点。

四、园林文化——从苏州园林传承与发展论中华文化自信与振兴

(一)苏州园林

中国传统园林有3 000多年的历史,"虽由人作,宛自天开"的艺术原则,熔传统建筑、文学、书画、雕刻和工艺等艺术于一炉的综合特性,使得中国园林在世界园林史上独树一帜,拥有着"世界园林之母"的至高无上地位。

(二)江南古典名园的艺术特点

灵活多变的园林空间处理,形成了中国古典园林特有的经典布局。叠山理水、植物配置,成为中国造园不可或缺的元素。精巧典雅的建筑群体表现了江南古代精湛的建筑艺术。淳厚丰富的文化思想,承载大量历史信息。

(三)江南古典名园重建再造原则

一是以史为据,保护历史遗存和文化信息,遵从文保政策、去伪存真、认真调查和适当舍弃的保护性修复。二是根据文史资料,以写意手法重新创作,以追求总体的艺术效果为目标,再现古园的神韵和风貌的创造性重建。三是按照传统造园技术和手法,结合当地园林建筑和植物特色,修复和重建名园。

近几年来苏州为了切实做好苏州园林群体性保护、传承和永续利用,做出建设"天堂苏州·百园之城"的决策部署。通过实施健全名录保护体系、加速园林修复、扩大园林开放、加强行业监管等一系列举措,走出一条园林群体性保护管理的新模式,每年有计划地

推进重点园林的修复工作。

1. 苏州可园修复案例

可园是苏州现存唯一的书院园林,位于苏州城南三元坊,与沧浪亭园门相对,隔溪而望。可园在北宋时期是苏舜钦所建沧浪亭的一部分,清嘉庆十年(1805 年)在此建正谊书院,光绪十四年(1888 年)建学古堂,1963 年被列为苏州市文物保护单位。可园因其近现代时期长期为单位使用,使用者根据其功能(会议室、办公室)的需求,除了主厅挹清堂及亭廊之外,对园中的厅堂楼馆进行了大量的改建,几乎所有的主要建筑,均被改造过。

清代朱珔《可园记》:"园之堂,广深可容,堂前池水清泓可挹,故颜堂曰挹清。池亩许,畜鯈鱼可观,兼可种荷,缘涯磊石可憩,左平台,临池可钓;右亭,作舟形,曰坐春舻。可风,可观月,四周廊庑,可步。出廊数武,屋三楹,冬日可延客,曰濯缨处。盖园外隔溪,即沧浪亭,故援孺子之歌,可以濯缨也。"

修缮设计的基本原则:第一,"不改变文物原状的原则"。园内单体建筑尽量保持原位置、原体量和原有建筑特征。第二,真实性的原则。保护文物建筑的风格和特点,除设计中为了更好地保护文物建筑的安全而采用的加固措施外,其他所有的维修手段均应保护其传统型制。第三,安全有效的原则。通过修缮维持建筑的结构安全、疏散安全、消防安全等。

除建筑采用原地修缮外,对园林中的景观环境进行梳理,重修驳岸、假山,保护古树名木、恢复植物景观、修复诸如石桥等传统特色构筑物,在修缮的方方面面体现苏州传统园林艺术性的统一。该项目于 2019 年获联合国教科文组织亚太地区文化遗产保护奖——杰出奖。

(四)近现代中国园林出口

近现代中国园林出口是从文化基因的片段移植到适应性异地生长的过程。早期:名园片段复刻,展示中国文化;中期:更完整的园林空间,以还原最浓郁的中国文化;后期:开放式园林融入地域环境,关注园林意境的营造,运用现代技术适应当地环境,开创园林生活的共建。

1. 明轩

明轩是我国第一座园林出国工程,坐落在美国纽约大都会博物馆二楼平台上。1980 年 1 月 2 日正式安装,5 月 23 日竣工。庭院根据博物馆内现场条件以及使用要求,以苏州网师园"殿春簃"为蓝本,专门设计。总建筑面积 230 平方米,庭院面积 460 平方米,主要建筑为三间厅廊,廊前为庭院,院内有假山、清泉、半亭、曲廊、门厅和门廊。院内种植竹、梅、枫、芭蕉、山茶、黄杨、芍药等中国特色植物。淡雅明快、建筑优美,集中反映了苏州古典园林的精华。时任纽约市市长考奇、美国前总统尼克松先生、美国前国务卿基辛格夫妇及英国郡主、日本大使、国际著名建筑师贝聿铭先生、费城天普大学牛满江教授等都来庭院参观,他们对中国匠师们精湛的技艺和中国的传统文化赞不绝口。

2. 兰苏园

兰苏园位于美国波特兰市的唐人街，2000年9月落成开放。2001年，俄勒冈州政府授予兰苏园"人居环境奖"，苏州园林设计院获得"杰出贡献奖"。

兰苏园地处唐人街的东北部，占有一个街区，园地63.9米×57.8米，占地3700平方米，约0.8英亩。兰苏园以水为主体景象，周边绕以翼亭锁月、浣花春雨、柳浪风帆、流香清远、香冷泉声、万壑云深、半窗拥翠诸景。假山峰峦起伏，岩石嶙峋，一道瀑布流水直泻而下，增加了山林的无限情趣。花灌木品种有松、竹、梅、银杏、玉兰、桂花、桃、茶、荷花、芭蕉等500余种，这些植物均来自中国。花木中梅的独傲霜雪、竹的虚心有节、兰的幽谷清香、荷的出污泥而不染，成为兰苏园中最富魅力的观赏亮点。

主要设计特点：第一，布局灵活。规划中为了打破平面近似方整的局限，在地块的四隅，分别规划了园外绿地。在园林内部，一条游廊曲折婉转由南向北延伸，将园林分隔成大小不同的空间。平面布局组合有序，富有变化。第二，空间丰富。庭院之间互为借鉴，运用空间的分隔、渗透、对比和衬托，增加层次、拓宽空间。第三，情景交融。强调文化内涵的挖掘和情景交融艺术氛围的营造。主要景点无不充满丰厚的中华文化内涵，呈现出一定的气氛、情调和韵味。第四，融入地域。东方古典园林艺术与美国现代建筑规范的完美结合。在美国现行建筑设计规范条件下建造一座东方的、古典的、艺术性很强的中国园林，难度很大，但是设计最终全部符合规范要求，而且融合得非常自然，不露痕迹。纽约时报评论为："最为完整地容纳和平衡了苏州园林艺术的各种要素"，"中国境外最原汁原味的苏州古典园林"。

3. 流芳园

流芳园位于美国洛杉矶著名私人文化和教育中心——亨庭顿图书馆内，是中国园林在海外最大的具有经典苏州园林风格的花园。设计将中国"天人合一"的哲学思想和文化巧妙融入造园中，通过叠山理水、安亭设榭、借景入园、步移景异等手法，将园林建筑、植物、山水融为一体，并结合中国古典诗词和书画，创造了充满诗情画意的园林空间，体现了中国园林"虽有人作，宛自天开"的艺术境界。

流芳园不拘泥于传统园林的制式，以舒朗的布局充分借景场地中自然山水和植被特色。以"映芳湖"为中心，结合周边地形及植被情况，形成"流芳小筑""荷浦薰风""曲径通幽""桃源春雨""丝竹清音""松岗叠翠""橘林晚香""万景山庄""长湖印月"等九大景区，总占地面积约15英亩（约6.1万平方米）。设计始于2001年，共分三期建造。流芳园一期、二期已于2008年建成并开放，三期于2020年建成开放。

流芳园的设计和建造，不仅很好地传承了苏州造园艺术经典，还大胆创新，按照美国的法律法规改用钢结构和木结构结合，解决了抗震和防火等问题。同时安装了空调和地暖等设施，为游客提供了舒适的游园环境。流芳园将中国文化之美和中国园林艺术融入城乡规划建设，提升城市文化艺术品质，体现新时代中华基因。

用园林文创塑造江南文化品牌

林小峰*

江南是中华文明的重要发祥地之一,江南文化是中华文化最富人文魅力和美学精神的部分。江南文化具有深厚的底蕴和丰富的内涵,经过数千年的文化积淀,成为长三角地区社会经济发展的动力支撑和内在根因。

近年来,长三角地区主要省市均把打响"江南文化"品牌上升到极为重要的战略地位:上海已明确提出打造红色文化、海派文化、江南文化三大城市文化品牌;苏州市文化产业高质量发展大会明确提出全面打响"江南文化"品牌;南京、杭州等城市也注重"江南文化"的研究和发扬。本文主要探讨如何通过园林文创来塑造江南文化品牌,提升江南文化的品牌力和辐射力,加快文化产业和园林事业的发展。

一、江南文化的源远流长

江南文化绵延数千年,辗转于不同的社会形态与历史阶段。春秋战国时期吴越文化基本奠定江南文化基调,中国历史上至少四次因社会动乱而发生的大规模人口南迁,逐步使经济中心和文化中心南移,明清时期的江南成为中国经济、文化最为发达的地区。

1. 深厚的人文积淀

江南因为水陆交通方便,人口多迁移至此,各地人才加强了文化交流,形成了深厚的文化积淀。东晋以后江南士族多以文才相尚,唐宋以后崇文重教,一直是江南地区文化发展最鲜明的特征。明清时期,江南是中国文化最为发达的地区。科举考试中,江南人成绩最为优秀,状元、榜眼等多出于此。

2. 灵秀的水乡文化

水乡是江南灵秀气质的来源,江南人因水而与众不同,特别富有灵性,与水的清明、内敛、流动、多样是分不开的,因柔性而仁爱,因清澈而清明,因平澹而内敛,因流动而交流,因流动而自由。江南文化又极富有创造性,不断地向前追、向上走,江南的经济奇迹正是创造力的表现。

---

* 作者简介:林小峰,高级工程师,上海园冶文化创意有限公司创始人。

3. 富足的经济基础

江南向来是文化精神复苏之地，是避难所、休憩地、复乐园，是温柔富贵之乡，社会有序。

明清时期的江南，由于人口密度高，不同区域自然禀赋有所不同，形成了一个多样化、专业化、精细化、有着充分市场化的经济结构，已有粮食、棉花与蚕桑产区的专业分工。

二、园林文化是江南文化的重要组成部分

园林文化、园林生活美学是江南文化的重要组成部分。江南文化深深烙印在苏州景物的风光流转中，苏州之于江南，不仅"互文"更是"指代"。苏州素有"园林之城"美誉，古典园林是苏州独特的文化资源和城市标签。

明清两代是苏州园林的全盛时期，古典园林遍布古城内外，最多时达271处，如今，仍有108座园林分布在大街小巷，代表了中国古典私家园林的风格和艺术水平，享有"江南园林甲天下，苏州园林甲江南"之誉。

江南园林，既是时间的艺术，也是空间的艺术，更是人文追求的结晶。作为中国文化版图上永恒的青山绿水，园林是一片最令人心仪的诗意家园，一山一水、一砖一石构成以舒适、惬意、情调为精神特色的江南诗意生活。

三、文创加持园林文化的重要性

1. 文创破解园林文化向大众传播的屏障

江南地区留下了丰厚的园林遗产，古典园林、古树名木美不胜收，历史沿革、文化底蕴、人文思考更是源远流长，但是对于绝大多数市民和游客来说，看到的都是"砖头（园林建筑）、石头（假山湖石）、纸头（楹联匾额）"，其背后的文化始终局限于专业和小众的层面，难以被公众所了解和认知。

江南的园林文化在向公众进行传播的过程中存在的障碍表现在两个方面：第一是方式问题，原有的传播方式往往拘泥于乏善可陈的导游讲解、书本宣教，难以引起公众尤其是年轻人更多的关注；第二是内容问题，部分传播者有时会传达一些错误或者歪曲的文化故事来哗众取宠，例如许多导游依然在留园讲解"鹰斗猎狗峰"这种错误的说法。由此可见，无论是形式还是内容，都需要通过文创思维来破解谜题，让优秀的园林文化以更好的方式向大众传播。

2. 正视长三角地区与优秀文创品牌城市的差距

2016年，北京市公园管理中心在全国率先提出"公园文创"这一概念，首批对颐和园、天坛、北海等市属公园进行个性化品牌规划，建立文创产品旗舰店。直到2019年，该中心管理的11家市属公园和中国园林博物馆的文创商店数量从13处增加到20处，总面积达

3 600平方米。2021年一季度,北京公园文创销售额已达5 685万余元。

国内的"文创之都"成都,紧紧围绕内容至上的文化发展战略,充分利用西部丰富的历史文化资源,整合了"大熊猫生态文化""古蜀文化""三国文化""水文化""诗歌文化"等系列文化创意形态。当成都城市文化的宣传片亮相纽约时代广场的时候,昔日的"天府风光""熊猫故乡""蜀汉文化"让世人眼前一亮。

文创可以走出园林用地的困境和无奈,可以让园林从量的增长走向质的提升,可以巧于借代、资源整合、激活"园林+"、打开思维、放大格局,让园林产业真正实现几何级和指数型成长。

四、园林文创的理念阐述

创意是创造意识或创新意识的简称,它是指对现实存在事物的理解以及认知所衍生出的一种新的抽象思维和行为潜能。创意是一种通过创新思维意识,从而进一步挖掘和激活资源组合方式进而提升资源价值的方法。

创意产业,指那些从个人的创造力、技能和天分中获取发展动力的企业,以及那些通过对知识产权的开发可创造潜在财富和就业机会的活动。它最先由英国提出,随着社会的不断发展,它的内涵外延越来越宽泛。

园林文创是把园林文化的要素加以提取创新,以独特的文化叙事能力和精彩的品牌塑造能力,通过艺术手法、科技应用等表达方式进行再创作的过程,结合各类物质的表现与非物质的表达,达到更好的综合效益与受众体验。

以园林文创为突破口,将新时代倡导的生态文明、美丽中国、文化自信、供给侧改革与现在的体验经济、消费升级、全域旅游和创意产业通过文化与园林的有机碰撞,如用园艺的接穗与砧木般关系嫁接手法融合再造,可以创造性地给整个园林事业带来专业、行业、产业的崭新发展途径。

五、用园林文创塑造江南文化品牌

1. 园林文创是古典园林的新活力

文化产业成为拉动经济增长的新引擎,长三角各省市都在加快锻造属于自己的文化软实力和核心竞争力,构建具有自身文化特点和核心竞争力的现代文化产业体系。利用现代的传播方式,使人们更加直观地触摸到华夏五千年的文化厚度,实现专业上和产业上的跨界互补联动。园林文创有着巨大的开发空间,对于塑造江南文化品牌有积极作用。

2. 园林文创是文化产业的新方向

随着新时代我国文化事业的发展,文化自信、中国传统文化成为热词。文化自信的提振需要中国传统文化这一载体去实现。中国传统文化的载体有很多,其中园林便是具有代表性的,将传统园林文化注入文化产业,赋予文化产业更深层次的内涵。

园林具有空间承载能力和氛围营造能力,能够成为演艺、会展、文化活动、旅游休闲的实景空间;园林具有知名度和美誉度,无论皇家园林的代表颐和园还是私家园林的代表拙政园都是家喻户晓、深入人心,极大地缩短了公众认知的距离和缩减了营销推广的成本。

六、园林文创典型案例

1. 北京公园文创:传统园林的新运营

北京市公园管理中心围绕公园绿色植物做文章,以古树名木、特色花卉为龙头,从2007年开始提出"一园一品"概念,每年单列经费600余万元,2017年活动接待游客1 338万人次,玉渊潭樱花节、香山红叶季为全国游客所知,每年的活动游客达120万人,门票收入超过公园全年收入的三分之一,至少已连续举办三十届,成为北京城市春秋两季最重要的全市性活动。

为了确保公园文化元素完整保留和正确解读,尤其是颐和园、天坛这样的世界遗产,公园管理中心以"2+N"战略推进文创工作,"2"就是颐和园和天坛两个龙头,它们的品牌价值和市场认可度高,文创做得更加成熟;"N"就是市属其他公园和中国园林博物馆,集聚优势,彰显各自特色,聚焦公园文创发展,聚力重点项目,采取自主研发、授权合作等模式,推动文创产品开发。此外,北京市公园管理中心建立了文创工作联席会议制度,对合作品牌的资质等进行调查,对设计方案严格把关和审核。上市后,相关部门还会关注产品销量、消费者反馈等,形成创意、研发、市场的全链条监管。

2. 阳澄湖服务区:城市里的园林元素

阳澄湖服务区充分挖掘自身有利条件,打造了苏州园林、阳澄湖湖鲜、姑苏文化和科技体验等创新特色,成为商业综合体、旅游目的地,这些特色产品带来的新奇观感体验让顾客有了记录和传播的冲动,从而带来了爆发式的好评。在司乘自发拍摄的关于阳澄湖服务区的短视频中,单条播放量最高的已经超过了400万次。阳澄湖服务区被誉为中国最美高速服务。

以"全国第一、国际领先"为目标,以"梦里水乡·诗画江南"为主题,以"一街三园"为操作路径的实施方案蓝本,从美术大师吴冠中的画作中汲取艺术灵感,并突破苏式建筑的传统布局,开创性地将江南民居元素首次运用于大型建筑设计,实现了古典与现代的完美融合。最终达到"不入苏州城,尽览姑苏景"的目的。

多手段推介江南文化,地方美食和品牌餐饮各具特色,科技范儿带来新奇体验。引进业态品牌近50个,除传统的餐饮、零售类外,还新增了飞豚数码馆、科技体验馆、非遗展示馆等科技体验类和文化服务类项目。在寸土寸金的商业区设置了传统戏台,并邀请艺人表演传统曲艺,吸引了大量的顾客驻足观看。

3. 夜游拙政园：文创科创叠加生长

"拙政问雅"依循东方园林的核心美学思想与营造方式，希望借由艺科融合的多媒体表现手段，从艺术中发掘创意，从技术中彰显人文。围绕园中既有的空间景点与陈设以及中国传统文化中"月"的意象，深度探讨古代士人的精神世界与造园美学中的山水观、宇宙观，以崭新的媒体艺术表现在古典园林中构建一条跨时空的游园体验之道。

作为国内首个在世界文化遗产内开展的沉浸式夜游体验项目，项目有效解决园林保护与发展的矛盾，在充分保护的前提下，对文化遗产发展与利用方面做出有益尝试，利用临时可拆卸移动光源，将光影艺术与园林文化结合，让园林活起来、动起来，将只有白天观光的苏州园林，变成可以夜晚深度体验的文化项目。

李宅作为序园，循空间递进，结合古人的生活空间与明四家的诗书画意境，从中凝练出李宅八景（青藤园冶、暖轿移光、樱珠游心、山水营园、十指春风、闲庭廊回、幽园放鹤、月行揽胜）。怀敬畏之心，彰显园林本体诉说的东方美学；寻林泉之境，探访文人雅士隐市的山水雅趣；借光音之法，重塑中国东方造园的空间诗学。

进入拙政园中部园林，园中之园以及景层和景点循序展开。借由艺科融合的跨媒介技术，展开"心园十五景"（玲珑玉冰、嘉实映月、听雨蕉园、海棠石光、凭栏北寺、月影回响、绿漪峙局、舟楫为渡、明瓦见山、鹿踪迷廊、荷风洞天、临波飞虹、香洲霓裳、叠山理水、心园问月）的鸿篇叙事与诗境营造。

这是一场借由影像、声音、光效的跨媒介艺术激活那些被忽略、隐存古典造园美学的展演；一个时间与空间多重交互的感知现场，它引发有关园林何所有以及造化营构的追问与思考。在这里，时空际会，文人物事中的种种雅趣与境界得以重构、展现，其一景一物既是道德理想的追求，也是审美境界的物化。

4. 江南百景图：游戏里的江南园林

古风经营类游戏《江南百景图》的走红，引发诸多关注与讨论。在游戏中，玩家将化身吴门画派的代表人物文徵明，从莳花植木到筑房造屋，亲手营建属于自己的江南。真实还原的文化遗迹、细节考究的生活元素，让人浸润于明代江南的诗画意境，重拾江南的文化记忆。

伴着悠扬的琴音和笛声，挑着担子的商贩在水网密布的街巷中穿梭，拿着风筝的孩童在黛瓦粉墙的民居前嬉戏，这些脱胎于仇英《清明上河图》、徐扬《姑苏繁华图》等古画的场景，以二次元的方式呈现出来，令人耳目一新。

游戏苏州府地图中，玩家可以建造"东园"，它以其精巧的布局和良好的观赏性，让无数玩家甘愿为它耗费大量精力。而东园便是如今中国四大名园之一——留园的前身。玩家还可获得建筑"牡丹亭"——来源于明代汤显祖所著的传奇剧本《牡丹亭还魂记》。

江南风雅传承至今，融入手游等文创产品中，焕发出新的活力，激起年轻人对于传统文化的喜爱和共鸣。《江南百景图》等现象级产品的出现，为传统文化在当下的创新传播提供了可贵的经验。

5. 麓栖苑：文创思维打造现代展园

中国梅花蜡梅展览会是一场国家级盛会，每两年举办一次。"麓栖苑"是 2020 年双梅展南京栖霞区展园，由园冶文创主创设计，与同质化严重的"微缩景观"式梅花展园相比，做到了从"展园 1.0"到"展园 2.0"的质变升级，以"与古为新"的理念将继承性和创新性相融合，打造一个标杆式的非传统现代梅园。

"麓栖苑"将栖霞区的六朝文化、宗教文化、红叶文化、地质文化等汇聚一体，以"景面文心"为内核，用写意的方式描绘了栖霞的秀美风光、科技创新和人文积淀，创造性地提出了"花栖水、凤栖树、鹿栖谷、人栖园、云栖霞"的概念。

一个好的设计不仅在于完成了设计，更在于要将地域文化与精神气质融会贯通，对环境、社会和人产生良好的影响。与二梅展展园一墙之隔的明孝陵在建成伊始，曾经饲养了千头梅花鹿，鹿的脖子上挂有银牌，上面刻有"长生"二字，伤害这些梅花鹿在当时会被处以刑罚。

正因如此，园冶文创团队设计"麓栖苑"的初心，就是希望把梅花鹿重新搬回明孝陵旁的梅花山上，让善良和美丽长久地留存于此。"麓栖苑"一语双关，"麓"与"鹿"谐音，"栖"有栖息之意，"苑"是园林，也是鹿苑。"麓栖苑"的钢材质"鹿"走进了梅花山，真正的梅花鹿也闻讯而来进入市民的生活中。

在"麓栖苑"建成之后，明孝陵的"长生鹿苑"正式开放，平日在鹿苑里的小鹿们也可走出来与游人互动。有鹿出没的石象路，成为南京秋天的"网红"打卡地。南京钟山风景区还开办了"小鹿文创"体验专卖店，出售小鹿文创产品。

七、用园林文创塑造江南文化的方法论

江南园林文化，深浸着中华文化的内蕴，是中国五千年文化史造就的艺术珍品，是一个民族内在精神品格的生动写照，是我们今天需要继承与发展的瑰丽事业。用园林文创塑造江南园林文化，其方法论总结为以下几条。

一是加大顶层统筹，树立"大文创"思想。高层领导要足够重视，对接、匹配能够调动的资源，注重顶层设计、亲自把关。要明确"文创不只是文创产品"的"大文创"思想，从前期策划、媒介宣传、活动组织、经营销售等方面入手制定多规合一的文创整体策划。

二是强化品牌意识，一体化整体思维。打造"口碑—形式内容—综合效益"的良性循环，直达品牌塑造。结合公园活动做文创，结合公园展览展陈、科普宣教做文创，结合公园商业经营业态布局做文创，结合公园环境景观美化布置做文创。

三是园林设计美学与跨界资源融会贯通。用园林文化美学赋予园林文创所触达的跨界产业新的风貌与色彩，让游客全方位、全感观、全天候感受园林园艺之美。

四是整合营销推广，活动迭代升级。做到全要素流通，融入文学、音乐、绘画、戏剧等艺术形式，辅以声光电和现代的传播媒体，给人耳目一新的美好体验，丰富园林的外延。

五是推动知识产权运用,规范IP授权与保护。知识产权的应用,并非单纯指保护,而是要把园林的IP授权出去,让更多的人和单位参与到推广、创造中来,和市场经营者们实现互利共赢。

园林文创作为塑造江南文化品牌的全新着力点,活化了江南大地上的花草树木,再现了江南记忆中的文化积淀,传播了江南文化中最典雅优美的内容,产生了独特的社会价值、文化价值和经济价值,让江南文化历久弥新!

参考文献

[1] 林小峰,黄玄.借文创之力,创园林之彩:从园林行业视角解读上海"文创50条"[J].园林,2018(6):2-6.

[2] 赵婷,邢歆.以文创思维做园事活动[J].园林,2018(6):10-13.

[3] 曹伟明.每当发展机会来临,长三角人为何总能抢抓先机?秘密就藏在江南文化中[EB/OL].(2019-08-04).https://ishare.ifeng.com/c/s/7or37CfGL4C.

[4] 钱文亮.江南文化:长三角城市群的成长基因[J].人民周刊,2018(24):63-65.

香山帮研究

从传统工匠组织到开放知识社区

——苏州香山帮的专业化管理

刘畅唱[*]

一、何为专业化管理

专业化管理是现代社会的重要特征。专业化是指某种职业达到了专业状态,并被认为具有一定专业品质和水平的合法性过程。职业是自然分工的结果,但并不是所有职业都能被称为"专业"。

职业能达到专业状态并拥有专业品质和水平,一定要完成一系列工作,使它具有结构和态度上的专业化特征:在结构上,一方面要建立完备的培训体系、成立专业协会、具有专业伦理准则,另一方面要有较发达的专业组织,如律师事务所(律师)、医院(医生)、会计师事务所(会计师)等;在态度上,要具有服务公众、职业召唤、自主性、自律等四种基本信念。这些特征是动态的、发展的、相对的。如果两个职业都有培训体系,其中一个涵盖了大学教育、职业教育、社区教育、企业内训,形成了完备的培训系统,另一个只有大学教育,那么前者的专业化程度就高于后者。

基于单独或综合比较(结构特征和态度特征)判断职业或专业的专业化程度,我们把专业化管理定义为"专业及其专业组织的形成和建设,以及专业化程度的提升",具体内涵是提升和建设结构上的条件和态度上的内容。结构的四条件和态度的四内容形成了一个专业金字塔,这包括基础设施——行业协会、专业期刊、专业大学科系以及资质证书,中间层次——即专业知识,专业知识是指专业性、抽象性、系统性、科学性的知识,以及上层建筑——即专业价值观,以利他、服务社会和自律为特征。在这个金字塔体系中,各个层次的各个组成部分和各个层次之间存在着互为依托、互为保障、相辅相成的关系,举例来说,有专业规范但没有从大学或职业教育到社区教育整个培训体系的传输,专业规范就无法落地;专业规范若没有发放资质证书和从业人员资质相联系,也很难被执行,而规范的推动又离不开行业协会、专业期刊和专业团体,所以整个系统相辅相成、不可分割。

---

[*] 作者简介:刘畅唱,南京大学教授、国家自然科学基金重点项目负责人。

之所以进行专业化程度提升和专业化水平建设,从宏观方面来说,是现代化市场经济和现代化企业组织的本质要求;从专业价值观方面来说,是提升公众对专业的信任度、保证社会利益的基本机制。总之,专业化程度增加对专业本身的创新发展非常有利,抽象、系统、科学的专业知识更容易和已有学科交叉融合,便于创新发展和吸引优秀人才。

二、香山帮与专业化管理的关系

香山帮是历史上通过自然分工形成的建筑营造行业的流派。同中国从传统到现代的经济转型相适应,香山帮也在经历一系列转型实践,比如从传统的匠人组织到现在的创立公司、成立营造协会、创办专业刊物、与高校共建新型人才培育体系、出版行业规范等。香山帮正从多方面探索如何从非物质文化遗产保护走向新时代古建筑行业的转型发展,这一实践反映了香山帮正在经历专业化程度逐渐提升的优化过程。

目前香山帮研究主要围绕三个主题,一是香山帮所代表的传统古建筑行业专业化管理变革研究,二是香山帮 Authenticity 研究,三是知识社区构建和互动机制研究。

(一)传统古建筑行业专业化管理变革研究

调查发现,香山帮已发生的专业化管理变革实践主要包括成立协会、创办刊物、制定专业规范以及构建培训体系。这些都属于专业基础设施层次,后续需在资质证书发放体系建构和大学科系建设两方面努力,一方面需要政府、专业协会和专业团体共同努力,共同推进古建筑行业资质证书体系建设;另一方面,需要与大学合作,在知识培养等方面作出更多探索。

大学科系既是专业基础设施的组成部分,又是专业知识的建设保证。专业知识建设不能只有隐性知识,还要将工匠身上大量的隐性知识转化为抽象的专业知识和显性知识,从而与已有学科体系交叉和融合。反之,就会妨碍专业化程度提升,阻碍专业的创新和发展。

这里值得注意的是设计师和香山帮的关系问题,调研发现,现有设计师在设计古建单品时会做批注并按传统方式设计施工,这反映了古建行业专业知识和专业管辖权的不一致,即设计师拥有古建筑设计的名义管辖权,要对自己的设计负责,但实际并不具备完备的抽象知识。知识在专业发展过程中处于核心地位,这种不一致往往意味着该行业需要运用跨专业、多学科的知识。从历史上来看,诸多古建最终完工,其设计及构思贡献往往被描述为"三分匠人七分主人"。"主人"即主事之人,也就是中国古代的传统文人,这些人对中国传统哲学、美学、易学有着深刻的造诣。用今天的话来说就是东西融通,新旧都知,同时具有科学素养和人文精神的人。

现代大学是否具有培养这样的人才的基础呢?调查发现,一些著名大学的专业设置里虽然有和中国传统建筑学相关的方向,但只有苏州大学设置了古建筑保护专业和方向。

这些课程尝试与香山帮结合，让本科生和匠人们一起获得隐性知识，但还存在职业教育、大学教育没有形成完备体系等欠缺，缺少隐性知识变成显性知识的重要环节，造成二者无法顺畅转化。

（二）香山帮 Authenticity 研究

Authenticity 有真实、真诚、纯粹、正宗等意思，一般翻译为"真实性"。在建筑遗产保护领域有重要影响力的《奈良真实性文件》对"真实性"的解释是：真实性是实在的、从原初到现在的历史特征的综合，是不断变化的结果。因此，真实性是动态的，不断发展变化的。社会学和组织管理学领域同样存在对 Authenticity 的研究，比如以色列学者研究了以色列舞蹈的传承和发展，对于如何让舞蹈既保持传统、正宗，又能吸引更多受众进行了大量研究。由此可见，Authenticity 这个词天然地蕴含着保护和发展、继承和创新的张力。这一点与组织管理学的双元理论殊途同归，都讲究在维持现状和创新发展之间寻找平衡。

古建天生包含着双元结构：古建筑修复侧重于维持和保护，仿古建筑和新中式建筑侧重于创新和发展。如果发展和创新意味着要与变动的环境相适应，意味着在抽象的知识层面和其他学科交叉融合，意味着变异选择和保留，那么谁来进行这个选择？选择的标准是什么？这些问题应该引起研究者的持续关注。

（三）香山帮知识社区构建和互动机制研究

香山帮的传承与创新、专业化水平的提升和变革等问题已超越了单个的组织和行业，需要引入多元主题，超越不同专业形成跨专业、跨领域的知识社区。在这个社区中需要重点研究社区的产生和发展、社区的网络特征、主体的互动冲突和协调、新知识的产生等，正是在这个意义上，我们可以说香山帮讲述是一个正在发生的、与中国经济社会发展背景相契合的故事。

香山帮建造艺术的文化传承与创新

陆耀祖[*]

一、典型自然区域的优化是造园之根

苏州园林包含着与当今时代相适应的绿色理念。历史上被称作"城市山村"的地域因使用人员的改变而有了现在"苏州园林"的美称,得到国家与世界人民的高度认可和赞美。历史上园林是如何设计而成的,至今使人求知若渴。其实说来也不难,那就是选取最优美的山村生活、生产劳动所需要的建筑物之原样,在有选择及优化的条件下组合而成。

苏州城往西几十千米的香山,孕育了一个有着丰厚历史文脉及优越地理条件的大山村。香山的北侧有一座连体山峰,从香山至穹窿山近十千米山山相连;香山的南侧是著名的东太湖,山体相距东太湖最近处仅百米。香山有一百多个村庄错落有致,人员分布较为密集。历史上有条水系在香山区域内弯曲延伸,有的河水穿村而过,有的则绕村而行,将太湖水传递至各块旱地、水田和各个村庄。河道宽度大多只有三四米,但在到达山村时也能加宽至十余米。香山区域的道路都是羊肠小道,宽者可两人通过,窄者仅容一人通行。路面以小山石、卵石铺设,遇有泥路,以条石等作砌。桥也特别多,有环隆桥、平桥、接驾三板桥等。路旁或桥边常设有亭子供人休息,还有供牛喝水的六角棚。香山的植物主要为果树、桑树等小型乔木,在家院中也有银杏等大乔木。

在香山帮文化水平高的大师看来,香山的河、桥、路、植物、山体、山村、庙宇,甚至是茅草棚,都可用高超的技术和技艺模拟它们。园林中将多角的茅草棚变动为六角亭或八角亭、将三板桥优化为"小飞虹"等,都是这种技艺的体现。可以说苏州园林是"源于香山,且优于香山"。

二、传统技艺与现代艺术的结合

传统的古典建筑及园林迎来了"改革开放"的时代,特别是苏州园林被列入联合国教

---

[*] 作者简介:陆耀祖,香山帮传统建筑营造技艺国家级代表性传承人、苏州园林发展股份有限公司原总工程师。

科文组织的世界文化遗产名录以来,其知名度和影响力加速向国内外扩散,但是传统的营造技艺尚不能完全满足世界各地的需要。在现有传承法式的基础上,新材料、新技术必然进入古典建筑以及园林建造的结构中,这样就形成了传统做法与现代技术的广泛结合,比如以"原材料、原工艺、原法式"修复的常州文笔塔,成为传统建筑大修工程之一例;以中、美两国技术建造的"兰苏园",成为一处符合中美两国审美与技术标准的海外苏州园林;仿古而不泥古的法国"中国亭",成为中法文化节最亮丽的风景。

三、共圆技术传承梦

香山帮技艺由浅到深、由单项到综合,主要包括两项内容。一是实际操作技能,能够将建筑场地的每一件材料制作成具有特殊效果的构件,如大梁的不同位置的断面有各自不同的要求,要使大梁受力更大、寿命更长,各种材料及各项构件就有其加工技术要求。二是技术,能根据业主要求、场所情况作出合理的平面、立面等各项设计方案,例如建筑群正落的选择,副落与正落的结合,园林的河道、山体、建筑物的形式和数量,建筑类型的分配,道路分布等。

历史上,想要成为顶级香山帮大师需要历经十年寒窗,在前辈的传承下,发挥聪明才智,如此才能使香山帮建筑具有时代的前瞻性。民国以来,受外界影响及行业规模的扩大,香山帮技法的采用渐渐减少,如今苏州农业职业技术学院、苏州园林集团、苏州园林发展股份有限公司、苏州香山工坊建设投资发展有限公司、苏州市香山帮营造协会等学校、企业、社会组织在培养下一代香山工匠方面都做了很多工作。在政府的领导下,香山帮传统技艺与园林实体定会取得极大的发展成果,将绿水青山变成金山银山。

认清保护现状　扛起历史责任

——关于香山帮营造技艺传承发展的思考

王跃程

苏州自古以来有"江南园林甲天下，苏州园林甲江南"之美誉，如今享有"人间天堂""园林之城"的美称。历代苏州古典园林，都承载着优秀传统文化的基因，蕴含天人和合的哲学理念，具有江南地域人文历史价值，彰显雅致的艺术精神、中和的养生智慧，是精湛的香山帮技艺演绎的"匠心匠作"，是品质生活的完美典范。

苏州香山帮历史悠久，起源于春秋战国时期，形成于汉晋，发展于唐宋，繁盛于明清。明代北京故宫、天安门、苏州园林等均出于香山帮匠人之手。多少年来，香山帮创造了一个又一个奇迹，从匠心独运的苏州古典园林到气势恢宏的北京皇家宫殿，苏州香山帮匠人的精湛技艺为世人所称赞。香山帮传统营造技艺是苏州古典园林的根和魂，作为具有苏式风格、江南特色的中国品牌、世界非遗和文化瑰宝，如何在新时代得到整体性传承、创新性发展，如何高质量打造"公园城市新典范"，这均需要我们认清保护现状，扛起历史责任，坚持"两创""两结合"，促进香山帮技艺再现繁荣。

一、香山帮技艺传承与发展迈出坚实步伐

20世纪50—70年代的社会主义建设时期，香山帮技艺在政府组织苏州园林的修复中，得到了较好的传承发展；改革开放以后，香山帮技艺在西方发达国家的造园中，迈出了较大的创新步伐；进入新世纪后的头10年，香山帮技艺分别被列入省级、国家级、世界级的非遗代表名录。香山帮技艺的传承与发展由此奠定了良好的基础，并形成了以下五大特色：

第一，各级党委政府高度重视，加强政策扶持。首先，从国家层面看，中共中央办公厅和国务院办公厅先后出台了《关于加强我国非物质文化遗产保护工作的意见》《关于进一步加强非物质文化遗产保护工作的意见》《中华人民共和国非物质文化遗产法》等文件和法规；其次，从省级层面看，江苏省住房和城乡建设厅出台了《关于推进江苏传统建筑和园林营造技艺传承工程的实施意见》；再次，从市级层面看，苏州市住房和城乡建设局出台了《关于推动苏州市"香山帮"传统建筑营造技艺保护传承的实施意见》。这些文件的出台，

为香山帮技艺的保护、传承与发展,指明了方向,制定了原则,明确了任务,作出了部署,改善了发展环境。

第二,企业家坚定文化自信,扛起了使命与责任。进入21世纪以来,一批有眼光、有情怀、有责任感的民营企业家坚定文化自信,扛起使命担当,勇立市场潮头,创办古建园林企业,积极探索如何传承创新香山帮技艺,极大改变了原来的工匠个体传承格局,走出了广大企业共同推动保护、传承香山帮技艺的新路子。苏州香山工坊建设投资发展有限公司便是典型代表,其创建运营的"香山工坊古建文化产业基地",获得了"中国文化遗产保护与传承典范单位"等多项荣誉,在保护传承香山帮营造技艺上发挥了重要作用。

第三,组建行业协会,推动了香山帮技艺的有序发展。为了规范古建园林企业和市场,在苏州市住房和城乡建设局等相关部门支持下,成立了"苏州市香山帮营造协会",组织了"香山杯"古建园林优质工程奖、"香山帮传统建筑营造技艺传承人"两项评选活动。创办了苏州市香山职业培训学校和香山工匠学院,为香山帮培养出了一批有学历、有技能的青年工匠人才。

第四,发挥校企协作优势,增强了香山帮的国际影响力苏州市香山帮营造协会与苏州农业职业技术学院深度合作,创建"大师工作室",开展香山帮技艺海外教学,推动传统技艺走出国门,先后4次代表国家在荷兰和土耳其等地设计建造世界园艺博览会中国展园,2次获得最高奖;苏州风景园林投资发展集团有限公司设计建造了43座海外苏州园林项目;香山帮打响了苏州园林的国际品牌。

第五,香山工坊勇担责任,开展了资料整理研究。香山工坊走访了个工种的20多位传人,形成了80余万字的文字资料和500多分钟的视频资料;与中央电视台等媒体合作拍摄了《艺库江南大院》《四角亭构建》等纪录片和教学片;建立了"香山帮技艺数据库",为保护传承与发展夯实了基础。

二、香山帮营造技艺传承发展遭遇的主要难题

尽管香山帮技艺的保护发展迈出了坚实的步伐,但新时代出现了新变局,在国内国际两个大局的新形势下,香山帮技艺的保护发展依然还面临不少的难题有待破解。当今香山帮营造技艺在传承发展中,遭遇许多突出的新矛盾和新问题,概括起来主要有七大方面:

一是各方认知不尽统一。就管理部门而言,有的认为香山帮是落后于时代的"非遗",只要原原本本地保存即可;也有的认为香山帮应该与时俱进、创新发展等。就行业内部而言,有人主张原汁原味地继承,也有人主张要找准市场需求,在求生存中促发展。

二是技艺传承后继乏人。目前香山帮技艺传承人队伍重度老龄化。各级代表性传承人共18名,平均年龄64.8岁,且身体较差,很少能承担劳动强度较大的一线操作工作;年轻人队伍还未形成。在市场经济的冲击下,年轻人很少愿意选择学习香山帮技艺。香山

工匠学院培养的学生,毕业3年内转向管理、研究岗位或从事其他工作的高达70%。

三是传承方式比较落后。传统"师徒制"存在培养体系不规范、理论不成熟、操作标准不统一、学习周期长、成才难度大、与现代教育体系不衔接等问题,限制了技艺的传承与发展。传统的"师徒制"培养方式已经走到了一个不得不改的关键时刻。

四是竞争活力明显缺乏。目前苏州有100多家从事香山帮传统建筑的企业,年总产值在50亿元左右,整体规模偏小,市场竞争力偏弱,缺乏具有影响力的品牌和实力雄厚的国家龙头企业。作为香山帮责任保护单位的苏州香山工坊建设投资发展有限公司,年产值也只有6 000万元左右,规模偏小、竞争力不足。

五是扶持政策不够完善。虽说各级政府出台的支持政策不少,但内容较为笼统,针对性不强。有的文件要求各地统筹安排专项资金,但并没有明确执行部门、资金来源和落实举措;很多扶持资金有限,申请程序复杂,不符合古建行业生产特性。

六是管理部门责任划分不明确。政府部门多头管理、交叉管理是当前面临的一个突出问题。"香山帮营造技艺的保护与传承"实际上涉及文旅、住建、园林、人社、教育等5个主要部门,各部门又未能很好衔接,在新老政策交替变更时,很容易造成培训学校、企业、传承人、学员无所适从的局面。

七是行业标准缺乏针对性。目前,古建行业在许多方面都参照现代建筑的行业标准,这对古建行业发展非常不利。如在设计审图环节,古建从业者不熟悉电脑制图软件、找不到古建审图单位、难以通过消防验收;在招投标环节,招投标合同没有考虑到古建行业立项面积小却用料烦琐等特殊性,工程量、工程造价和工人工资的计算也存在没有考虑操作质量和工艺精细程度等问题。

三、新时代香山帮营造技艺传承发展的未来对策

当今时代唯一不变的就是"一直在变"。保护好、传承好、发展好香山帮这项世界级"非遗",必须顺时而变、顺势而为。我们要以党的二十大精神为指引,站在全面推进中华民族伟大复兴的时代高度,站在推进社会主义文化强国建设以满足人民美好生活需要的使命高度,站在打响"江南文化"的品牌高度,站在全面弘扬香山帮技艺的行业高度,要认清香山帮传承发展重要性,增强紧迫性,多措并举,切实做好香山帮技艺的传承与创新。

第一,要积极创新人才培养模式。党的二十大报告强调,人才是第一资源。因此,培养一支专本结合、老中青结合的人才队伍十分关键。首先,要加大与职业技术院校合作办学力度,把现代教育方式与传统"师徒制"相结合、把理论学习与实践操作相结合,培养优秀的能工巧匠人才;其次,加大与高校的合作办学力度,优化古建专业的学科建设,培养高层次古建设计和管理人才;再次,强化香山帮培训学院建设,培养古建行业在职的各类专职香山帮技艺人才。

第二,要加快完善香山帮大师工作室建设。积极发挥协会、龙头企业的主导作用,设

立和完善大师工作室,优化运营管理机制,引导大师工作室健康有序发展;在现有基础上建立集教育、展示、生产、传承、就业等多种功能为一体的"大师工作室"体系;规范各级代表性传承人和"香山杯"技艺传承人设立大师工作室,引导大师工作室与博士工作室、培训学校等联合开展培训、操作、鉴赏、比赛等活动,充分发挥"大师"的引领指导作用。

第三,要抢救性挖掘研究"香山帮"资料及传承人。加大调查和记录传承人及营造技艺的力度,更大范围抢救性保护分散的、濒临失传的香山帮技艺;运用 3D、VR 等数字技术,开展香山帮技艺的活态展示;鼓励高校、智库等研究机构加大对香山帮技艺的研究力度;鼓励古建企业、行业协会等开发香山帮记忆文化产业,打造文创品牌,推动香山帮技艺和文创产业多元融合、创新发展。

第四,要切实加大对香山帮传承人的支持力度。要规范代表性传承人认定制度和补贴标准,建议增加代表性传承人数量;相关部门和行业协会共同命名认定一批"香山名匠",在古建筑工程项目招投标时优先考虑;完善从业人员职业能力认定和加强技术技能培训,开展传统建筑营造技艺技能鉴定工作,加快古建园林职业资格证书制度建设。

第五,要出台促进香山帮传承发展的倾斜性政策。加大古建行业、龙头企业培育扶持力度,打造香山帮产业片区和产业聚群;在职称评定、专利申报、论文发表等方面给予古建人才支持;完善资金扶持政策,确保资金扶持效果,加大资金扶持力度;立项扶持香山帮古建企业、大师工作室和代表性传承人。

第六,要增强香山帮工匠的竞争优势。首先,统一搭建香山帮技艺的创新发展平台,以项目为引,加强竞争优势;其次,在政府主导的项目中,采用邀请招标、直接发包(单一来源评标)方式,让香山帮大师领衔;再次,要注重发挥政府与行业协会的协同作用,共同参与古建园林优质工程评选,每年提供一定数额的"姑苏杯""香山杯"等优质工程奖,专门评选古建项目优质工程。

综上所述,新时代新征程,新阶段新发展,香山帮营造技艺迎来了传承创新发展的新机遇。我们每个香山帮人,都应认清现状,扛起使命,坚定文化自信和文化自觉,以时不我待的精神,大力弘扬香山帮技艺文化,为高质量打造新时代苏州"公园城市"新典范,作出更大贡献!

苏州香山帮历史及当代园林发展案例研究

许建华　许昕明*

一、香山帮形成的原因

1. 这和香山人的勤劳聪慧及苏州的繁荣富庶是密不可分的

香山地区百余村庄人多地少,勤劳的农民在农业生产的同时,利用农闲季节普遍以兼业的方式从事其他手工业劳动,想方设法以自己的勤劳创造家庭财富,这也是古代苏州西部劳动人民的传统和习惯。因此,这里的手工业十分发达。相邻的光福镇以核雕、玉雕、佛雕和红木雕著称,镇湖是苏绣的发源地,而香山则以建筑行业的能工巧匠闻名遐迩。勤劳的香山人以自己的聪明才智潜心于建筑,逐渐形成了具有香山人特色的"香山帮"。而且苏州自古就是富庶之地,达官贵人在追求物质享受之余,还追求"不出城郭而获山水之怡,身居闹市而有林泉之逸"的精神享受,因此,在明清时期,苏州兴建宅园之风极盛。据《苏州府志》载,苏州城区明代有园林271处,清代有130处,朱门豪宅更是数不胜数。这客观上不仅为香山匠人施展建筑技艺提供了平台,也为香山匠人技艺的精益求精创造了客观条件。

2. 领袖人物的重要作用

香山自古就出能工巧匠。早在北宋末年,朝廷在苏州设应奉局,征调吴郡能工巧匠赴东京(今开封市)营造苑囿,其中就不乏香山匠人。特别是明初,香山木匠蒯祥

---

* 作者简介:许建华,博士,教授级高级工程师,国家一级注册建造师。苏州香山法原建筑设计有限公司院长,苏州市香山帮营造协会常务副会长兼秘书长,苏州太湖书院副院长,苏州市文化创意产业联合会副会长,南京大学苏州校友会副会长。长期担任园林古建的策划设计、建筑营造和文化研究工作,具有三十多年建筑管理经验,探索"香山帮传统营造技艺"的保护与发展之路。是我国著名文物古建大师罗哲文先生入室弟子。编写香山技艺相关著作多部、发表论文多篇。建成了400亩中国古建园林文化产业基地——香山工坊,成功申报入选为世界级和国家级非物质文化遗产"香山帮传统建筑营造技艺"名录。

许昕明,江苏省联合职业技术学院苏州建设交通分院建筑室内设计专业毕业,吉林大学土木工程本科毕业。对文化产业项目有较深研究,长期协助香山工坊项目的开发和运营,是香山工坊古建园林文创产业集聚区发展战略研究的重要助手。

应征参加营造北京紫禁城,得到皇帝赏识和器重,官至工部左侍郎,其父及祖母都得到了皇家的封赏。《吴郡志》中也说:"江南工匠,皆出于香山。"从此,香山人对建筑情有独钟,从业者日益增多。蒯祥之后,民国初年,香山帮著名木匠姚承祖发起成立鲁班协会,将工匠组织起来,互相研究切磋技艺,对提高工匠本领和香山帮整体素质起到了积极作用。姚承祖编撰的《营造法原》成为香山帮技术的宝典,他还在苏州玄妙观附近创办梓义小学,在自己故乡墅里村创办墅峰小学,免费招收建筑工匠子女入学读书,从主观上力求将文化引入香山帮。

3. 重传承是香山帮形成的基础

香山帮虽然没有严密的组织形式,但却十分重视技艺的传承。因为香山帮中的师徒往往就是父子,或徒弟是关系相当好的朋友之子。因此,师傅会毫无保留地将技艺和盘托出,传承给徒弟。徒弟会不断推陈出新,为香山帮营造技艺不断增光添彩。

二、香山帮当代传承人物

1. 陆耀祖(国家级代表性传承人)

陆耀祖,苏州吴县香山人,祖上世代为香山帮建筑匠人。1949年出生于苏州吴县香山地区(现属吴中区),从16岁开始随父亲学艺,从事香山建筑中的大木作。高祖父为姚三星,在嘉兴开有自己的作坊,曾祖父姚桂庆、叔曾祖姚根庆也均为木作名师,在木渎开作坊,叔祖父姚建祥、姚龙祥、姚龙泉则分别在东山、木渎开建筑木工作坊,父亲陆文安更是一代香山帮木作名师。他擅长建筑设计,曾参与枫桥、寒山寺等多处苏州古典名园的维修和修复工程,省建工名人志有记载。陆耀祖得到其父陆文安亲授,并长期在一起工作,直至陆文安过世,在传统建筑的大木作、木装修方面得到系统的继承。香山帮营造技艺书籍很少,长期依赖于师徒口头授教形式。陆耀祖在与父亲一起工作期间,勤奋刻苦,潜心钻研技术,因此得到了一些香山帮古典建筑的真传。

2. 薛林根(国家级代表性传承人)

薛林根,1952年8月出生于香山帮建筑世家,祖辈及父亲均为知名香山工匠。1967年开始从师大伯香山古建艺人薛鸿兴及父亲薛福鑫学习古建筑瓦工、泥塑、砖雕技术。参加了沧浪亭大修、西园湖心亭大修、拙政园大修等工程,并担任负责人。1983年以后,薛林根带徒弟朱建兴、朱锦芳等,负责玉涵堂修复、东山紫金庵罗汉殿修复、张氏义庄修复、山塘街山东会馆修复、同里陈家祠堂修复、珍珠塔园工程、同里江南老街工程、光福园工程、天平山高义园乐天楼大修、网师园大修、怡园大修、常州文笔塔大修、虎丘万景山庄修复等工程,均获好评。

3. 杨根兴(江苏省级代表性传承人)

杨根兴,生于1953年,在祖父和父亲的影响下立志要学习与传承以香山帮建筑工匠鼻祖蒯祥为代表的传统营造技艺。自独立创办蒯祥古建有限公司以来，带领着徒弟先后承担完成了"十里秦淮"风光带工程、姑苏人家别墅群、平江历史街区董氏义庄保护整治工程、潘宅工程、文徵明墓维修等建筑工程。还参与了苏州阳澄湖畔昆山玉山胜境园林别墅群、扬州凤凰岛湖光寺、贵州茅台酒厂苏式园林、霍英东基金会广州南沙水乡一条街、广州中山揽菊怡水山庄明瑟楼等工程的测绘、设计与施工任务。并在海外将"香山古建"传统营造技艺发扬光大，建设了澳大利亚墨尔本市唐人街牌楼和捷克六角亭及月洞门工程，得到海外人士的肯定和赞誉。

4. 顾建明（江苏省级代表性传承人）

顾建明，生于1955年7月，祖上有多人为香山帮名匠人。1972年开始从师外公顾耀根、舅舅顾炳元学习古建木工、大木作、小木作装修，参加及负责北寺塔园修复、南京原总统府煦园大修、天平山乐天楼、常州文笔塔修复、苏州园林艺圃修复、拙政园大修、浙江嘉善吴镇纪念馆、湖州府庙修复、嘉定方塔园修复等工程。还参与美国纽约大都会博物馆明轩工程、加拿大温哥华中山公园工程、韩国全州苏州街牌楼、拉脱维亚里加市六角亭、德国康斯坦茨市苏式候车亭、瑞典远东博物馆方亭假山等工程项目的建造，为香山帮建筑走出国门作出了重要贡献。

5. 朱兴男（江苏省级代表性传承人）

朱兴男，苏州斜塘人，1976年进苏州斜塘建筑站从师秦怡生（苏州东南地区著名工匠）学习泥水作。1986年起从事苏州市文物维修和古建园林修复工作，在苏州市文物整修所和苏州市文物古建工程处担任工地负责人和项目经理。其间修缮了各类文物建筑和园林古建计60余处，在30余年的学习、实践中，对古建筑的屋面铺设、砖细、砖雕、泥塑、戗脊等的制作方面有较高的造诣。

6. 张喜平（苏州市级代表性传承人）

张喜平，1967年出生于苏州胥口，父亲叫张和尚，对古建筑技术造诣颇深。张喜平自幼受父亲熏染，还经常随父亲到工地，看父亲堆塑。1984年进入吴县胥口建筑公司正式随父学艺，在父亲既严厉又精心的教导下，张喜平技艺水平有所提高。1991年张喜平参加新加坡"蕴绣园"工程的建设，主要负责水泥仿真木栏杆及水泥仿真木桩的制作。1992年张喜平参加沉香阁大殿的修复工程，1995年参加上海豫园商城"天裕楼"外立面古建筑装修工程，负责水作部分。2004年苏州环古城风貌保护工程二期开工，张喜平主要负责平四桥至平门桥段的景观绿化工程。2005年张喜平参加美国洛杉矶流芳园的工程建设。这些工程成为苏州园林经典之作，受到业界普遍赞赏。

7. 郁文贤（苏州市级代表性传承人）

郁文贤，1963年出生于苏州吴县东渚。主要从事香山帮木匠的"小木作"，以制作各类木花窗、挂落、飞罩以及家具等为主。他从师香山帮艺人林龙兴，全面系统地学习了立柱、上梁、架檩铺椽、做斗拱、飞檐、翘角等，以及门板、挂落、窗格、地罩、栏杆、隔扇、挂屏、家具等的制作工艺。1987年进入苏州太湖古典园林建筑有限公司，拜香山帮名匠薛福鑫为师学习水作技艺。他带队承建了多项古建工程：苏州玉涵堂修复、山塘街张氏义庄整体移建、冈州会馆工程、苏州明清家具博物馆工程和光福德馀山庄等项目，都获过奖。

8. 许建华（吴中区级代表性传承人）

许建华，长期从事古建筑业工程施工与管理。先后在江苏中厦集团有限公司（国家总承包一级建筑施工资质）、盐城市城区城市建设局、苏州蒯祥古建有限公司（古建筑一级专业资质）、苏州香山工坊建设投资发展有限公司等单位工作。他是中国古建园林产业基地——香山工坊和苏州市香山帮营造协会创始人之一，从事古建筑管理工作36年，对于古建园林有着浓厚的兴趣，掌握多种香山帮建筑的操作要领。在蒯祥古建有限公司工作期间，他跟随省级传承人陆耀祖、杨根兴等参与多项古建工程，还为企业制定和健全了各项规范制度，为企业晋升古建工程一级资质作出了贡献。在香山工坊建设期间多次就有关古建筑的建设与保护传承问题向我国知名的老专家罗哲文请教，得到其亲身指导，2011年正式拜罗哲文为师，成为其门下23位弟子之一。

9. 顾阿虎（苏州市级代表性传承人）

顾阿虎，苏州香山古建有限公司分公司经理，高级工程师、一级建造师。1981年开始先后主持重建、修复了大庆儿童公园、齐齐哈尔龙沙公园、南京夫子庙、鸡鸣寺宝塔、上海老城隍庙丹凤楼、浙江嘉善寺大雄宝殿等一系列古建筑工程项目。退休后一直担任苏州文旅集团技术顾问、项目经理及负责人，主持和参与过云楼、潘世恩故居、潘祖荫故居等十多处文物古建及控保建筑修缮和维护工程，在古建筑如塔、庙、祠堂及古民居的修缮方面有着丰富的经验。

10. 方明（吴中区级代表性传承人）

方明，出生于香山建筑世家，父辈都是香山帮著名的工匠。12岁的方明就随舅舅等开始学习古建瓦工，他对堆塑特别感兴趣，也常常参与工程，有很多建筑上的堆塑"三星高照""八仙过海""和合二仙"等都出自他手。18岁时方明在堆塑方面已经小有名气，参加过寒山寺修复、得月楼新建、南林饭店扩建以及浙江嵊州越剧学院、杭州中医院、苏州重元寺重建等工程，其技艺受到广大同行的一致好评。

11. 钱乃幸（吴中区级代表性传承人）

钱乃幸，出生于假山叠山世家，从小耳濡目染。自1962年15岁起便跟随父亲（钱根全）学习假山堆叠技艺，至今已有近50载春秋。1979年随着吴县园林装潢装饰公司成立，钱乃幸进入该公司专门从事假山堆叠和修复工作，其完成的作品遍及苏州及周边城市，还远至黑龙江大庆和山东青岛等地，在香山帮匠人中有相当的知名度。1996年钱乃幸离开吴县园林装潢装饰公司，开始独立承接假山工程。至2009年钱乃幸进入苏州市政园林工程有限公司，成为苏州园林营造公司的园林营造技艺假山方面的特聘技术顾问。

12. 孟建鸿（吴中区级代表性传承人）

孟建鸿，生于1952年，吴县人。1969年从师陆耀祖学习古典建筑木工制作技艺，参与修复园林建筑、新建项目。承担国内外重大工程施工项目,国外项目有:1995年日本金泽市中国园、2001年法国里上海湖芯亭展示工程、2007年美国洛杉矶亨庭顿图书馆中国园等。国内有:上海市西林寺大雄宝殿、上海市沉香阁大雄宝殿观音楼、上海市大境阁修复工程、上海市豫园商城天裕楼、昆明世博会东吴小筑、浙江省衢州市孔庙复建工程、上海世茂滨江花园中式园林会所工程等,分别获得市优、省优及鲁班奖等。

13. 张福康(吴中区级代表性传承人)

张福康,苏州胥口镇梅舍村人,早年拜香山帮技艺传承人蔡荣元为师,在香山水桥大队学习制作匾额、红木雕刻。后进入苏州市古建公司(20世纪80年代初期位于苏州的一家公司,专门从事苏州园林古建筑的修复工作,如今已不存在)工作,参与北寺塔、虎丘万景山庄修复工程,制作园林古建筑雕花件,潜心制作研究匾额,为苏州各园林修复工程制作众多匾额。还参与新加坡双林寺修复工程的匾额、木雕刻、字板制作。退休后自创工作室,从事匾额、楹联的制作和传授楹联匾额的制作技艺。主要作品遍布虎丘、拙政园、网师园、怡园、盘门三景等苏州各大园林和企业、私家会馆、宾馆、展示厅、博物馆等。

14. 邓菊生(吴中区级代表性传承人)

邓菊生,出生于1958年,吴县光福镇人,1979年至1980年在吴县光福建筑站学习木工技术,1980年开始在苏州香山古建集团公司师从杨根兴学习香山帮传统技艺,获"古建名师"荣誉称号。后从事古建工程施工,先后任项目经理、南京工程处副主任等职。2004年开始在苏州蒯祥古建园林工程有限公司任职工程师、建造师,以及南京分公司负责人,从事古建工作。参与过南京下关区文化局静海寺扩建工程、夫子庙大成殿屋面屋脊翻建工程、秦淮区箍桶巷示范区地块项目修缮改造工程五标段、科举博物馆及周边配套一期(一区、二区)项目、夫子庙文化环境提升整治工程二期建筑立面出新改造——永安商场等工程。熟练掌握香山帮木作技艺及泥水作、漆匠、叠山匠、雕塑匠等工种的技艺。在行业中具有一定知名度,是公认的"全能型技术人才"。

15. 孙小青(苏州市级代表性传承人)

孙小青,吴县人。1965年出生于木匠世家。1980年高中毕业,入职于吴县建筑公司从师孙泉根、薛志荣学习香山帮技艺,历任公司驻宁办主任、生产科副科长,后进入苏州香山古建集团公司,先后任第一分公司副经理、副总经理、总工程师、总经理。他全面掌握了香山帮多个工种的技艺,尤其擅长大型古建的屋面、屋脊、戗角、泥塑等工艺。2004年首届"香山古建杯"职业技术竞赛中,孙小青作为承办单位总负责人,并担任裁判组组长。后担任国家职业技能鉴定高级考评员(古建瓦工),参与2017年江苏省首届乡土人才传统技艺技能大赛预决赛方案编制并担任裁判。孙小青参与和主持过东北大庆儿童公园、南京夫子庙群体工程、无锡水浒城、寒山寺枫桥大街改造工程、西藏三大重点文物(布达拉宫、萨迦寺、罗布林卡)维修等重大工程。他还是苏州市政协委员,先后多次在政协会议提交报告,提出加强传统古建技艺传承的相关建议和意见。

三、香山帮当代园林案例

1. 苏州石湖景区上方山环境整治与景观提升工程

工程总占地面积 9 439 平方米,其中景观绿化面积 6 599 平方米。该工程在上方山国家森林公园内,依山而建,园内假山、水池、瀑布、长廊、亭台、轩房、庭院和花草树木一应俱全,是个典型的苏式园林。该项目施工公司紧紧围绕市政公共设施的高品质标准,确立了打造景观绿化的省市优质工程的质量目标,以科学的管理手段,致力于提高工程质量。在施工中主动向市建协、质监站的专家请教"创优"之流程及相关要求,认真学习各项施工规范,参观了其他优质工程,虚心学习,把好的管理方法及施工做法带回项目来;建立健全质量管理体系,严格按照规范施工,认真总结、吸收、借鉴以往工程的经验教训;多次召开工艺质量专题会议,对症落实检查方法和控制措施,严格把关,使工程的质量始终处于可控、在控状态。该项目一举获得了"扬子杯""姑苏杯""香山杯"三项工程质量大奖。

2. 南京大学仙林校区校园景观提升改造工程

南京大学仙林校区先期征地约 253 万平方米,建筑面积约 120 万平方米,校区建筑大多棱角分明、方方正正,远观整齐划一,独立的内部庭院形成各自独立的生态系统。颜色上以灰色调为主,搭配使用深灰、浅灰、红白色,皆取自鼓楼校区的传统色调。项目是南大苏州校友会捐赠的。整体设计以苏州香雪海为原型,以梅文化为灵魂,着力地渗入苏州园林文化元素,充分融合并体现南京大学底蕴深厚、生机勃勃的校园文化精神,与时俱进、因地制宜地进行再创作,发挥苏州古典园林建造技艺,成为南京大学的香雪海园。该项目位于南京仙林大学城,东濒仙林湖,北望栖霞山景区,毗邻多所知名高校,地域环境、人文与自然环境得天独厚,是南京大学一个多世纪以来规模最大的基本建设项目,是中国建设标准最高、现代化和智能化程度最高的大学新校区之一。

3. 美国流芳园项目

本工程为海外规模最大、最完整的苏州园林项目。流芳园位于美国洛杉矶亨廷顿图书馆,历经 14 年建成,也被称为拙政园的"姐妹园"。苏州园林凭借精湛的造园技艺,"咫尺之内,再造乾坤",移步换景的体验让人流连忘返,不仅在国内"圈粉"无数,还频频走出国门,肩负起文化传播使者的大任。项目围绕图书馆核心位置的湖泊,按春、夏、秋、冬四季,共建设了九园十八景。项目的一石一瓦都来自江南,由苏州风景园林投资发展集团有限公司派出香山工匠全力打造。这次扩建工程打造了望星楼、环翠阁、众乐台、笔花书房和映水兰香等新景点。苏州园林不仅征服了国人,更走向了全世界。

4. 山东省郯城县新村银杏古梅园改造提升工程

本工程为苏州园林风格仿古建筑工程,主体工程采用全木结构、砖细饰面等,油漆为传统广漆,屋面盖青灰色琉璃陶土筒瓦及苏式小青瓦,室内地坪采用仿古青方砖贴面形式。整个项目划分为东西两块,东侧为观礼广场,西侧为苏州园林建筑。山东郯城银杏古梅园始建于1992年,是全省首家农民公园。园内景观众多,各具特色。公园经过2次扩容改造,已成为中华银杏生态旅游区的核心景区。为适应银杏温泉小镇的发展需求,开发区启动了此次改造提升计划,银杏古梅园改造提升工程工作方案内容丰富,特色突出,既有对原有景点的保护开发,又融入了苏州园林等元素,做到了江南园林风情与古老植物景观的完美结合,充分体现了郊城特色。

5. 苏州太湖书院——易园项目

本项目位于苏州市吴中区胥口镇胥江工业园香山工坊内。本着继承与发展传统技艺,为科研及技术人员、传统手工匠人等创造就业及发展平台的原则,苏州市天堂美景观绿化工程有限公司投资新建本项目,为香山工坊的总体规划目标贡献一份力量。该建筑景观命名"易园",尊崇园林的设计立意,厅堂廊榭精细秀美,湖石堆掇浑然一体,花木种植自然天成,铺地园路匠心巧趣,匾额对联文心雅韵,无不体现着苏州古典园林乃是一门综合的艺术。本项目总建筑面积为8 967.29平方米,为自建的仿古建筑,是一座集吴越文化、现代易学和工程哲学"三位一体"的、充满文化底蕴的江南仿古园林,具有鲜明的园林创新特色。易园是砖木混合结构,装饰大量采用砖、木、石三雕,下沉式空间利用及多功能的建筑,是由国家级非物质遗产香山帮代表性市级非遗传承人张喜平、香山帮工匠大师陆云龙等名师领衔精心打造,2018年获得香山帮营造协会首届"香山杯"优质工程奖,2019年被列入苏州百园之城名录,成为一座在造园中有传承、在传承中有创新的特色园林。

6. 江西省上饶市灵山工匠小镇

本项目位于江西省上饶市,建筑以独具中国传统的白墙黛瓦形式表现,巧借槠溪老街的魅力,形成错落有致的建筑和园林空间的碰撞、融合和创新,是对传统中式人居场景的再次研发塑造。建筑设计强调宅院合一的传统人居在当下表现,强调动区的共享,静区的私密,空间的停留和悠闲的放松,将传统中式建筑元素和现代人居结合运用,从而产生"新中式"人居建筑新形式。项目先后荣获"第五届中国游乐行业'奥斯卡'摩天奖"、2018年江西省旅游风情小镇、2018年江西省文化创意大赛"文化融合创意优秀奖"等荣誉。

7. 云南省昭通市盐津县豆沙关旅游景区建设二期项目

项目主要为民居改造项目,借鉴国内古镇开发的成功经验与模式,突出豆沙镇独特的山、水等生态要素,实现自然环境要素与人工要素的整合。以自然风光、古镇风貌和"三川半"文化的景观特色为载体,提升古镇整体环境,体现豆沙镇深厚的文化底蕴和鲜明的景观特色。该项目在尊重现状地形等自然特征的基础上,合理利用地形地貌,合理取舍,充分结合现有古镇,构筑有特色的山水文化带。建立简洁、明晰、互动的功能体系,充分利用广场、水体、草坪、绿荫、道路、建筑等环境,融入"三川半"文化元素,构筑个性化、生态化、现代化的国家5A级旅游景区。

8. 成都绿城多利桃花源项目

由绿城集团打造的多利桃花源项目是"香山帮"传承匠人督造的苏派建筑,承袭"香山帮"将中国传统建筑技术与建筑艺术巧妙结合的古典工法,于细节之中再现时光洗练的传统雅韵。多利桃花源项目并非普遍意义上的仿古建筑,而是还原古代营造手法,以古典的工匠精神打造出的经典之作。一砖一瓦,凝聚的是千年不变的匠心;一石一木,承载的是中华建筑文化的传承。这些建筑,如青花瓷淡雅,如牧笛余韵深长,在川西平原的沃土,演绎着一曲杏花烟雨,一梦世外桃源。

9. 浙江省嘉兴蓝城风荷九里项目

由蓝城集团打造的风荷九里项目地处江南小城嘉兴,项目的生活服务馆采用了中式风格,与项目的定位也是一致的。整个项目为中式院落,传承了中国传统园林的设计理念,吸取了苏州园林的精髓,打造多层次的园林布景。蓝城风荷九里占地约 10 万平方米,总建筑面积约 19 万平方米,由 48 栋合院、3 座多层住宅以及一座园林式度假酒店组成,涵盖了中式合院、中式多层产品类型。蓝城风荷九里落在国家 4A 级旅游景区莲泗荡畔,坐拥万亩荷塘景观,每逢夏季荷花绽放,这里便荷风阵阵,香味弥漫。移步莲泗荡,周围还有长虹桥、一宿庵等传承数百年的历史人文景观,文化气息浓郁。

10. 泰州古寿圣寺重建项目

古寿圣寺有七百多年历史,曾为佛教界"十四大丛林"之一。千百年来吸引了众多文人墨客在此隐居驻足,明吏部侍郎储罐、清八怪郑板桥、民国元老于右任等都曾在此驻住。古寿圣寺原址的残破情况比较严重,很多知名景观几乎无存。苏州重元香山营造有限公司的设计人员前期做了大量实地调查,拜访了宗教界的高僧大德,听取意见,在设计中进行了适当的补充完善。整体设计将寺庙区域分为四大主题区域,分别为:佛陀花园、佛教道场、净土庭院、药师礼赞。寿圣寺的"三面药师佛塔"是主要景观物,承建公司联合各方专家、设计人员、铸造单位技术员和宗教人士进行反复塑形和制造。

四、香山帮传承与发展

香山帮在自己技艺的故乡创立了占地 380 亩(约 25.3 万平方米)的香山工坊产业集聚区,而香山工坊引进 20 余家企业和 300 多家文化创意旅游经营户,形成行业集聚效应。随后又创立苏州市香山帮营造协会,创办香山职业培训学校,达成了校企合作,又成立"香山工匠学院",指导学生开展技能操作实训,得到了各级领导的肯定。苏州市香山帮营造协会还举办传统拜师仪式,积极推荐"香山帮传统建筑营造技艺"项目技艺传承人,此外香山帮还成功举办"中国木结构技术及产业发展高峰论坛"和"江苏省土木建筑学会竹木结构专业委员会 2012 年年会暨国际木结构学术研讨会"。

香山帮还编撰出版了《承香录》《苏州古典园林营造录》《苏州香山帮建筑》《园踪》《香山帮建筑图释》《香山工坊古建园林文创产业集聚区发展战略研究》等十数种书籍,有的已经成为古建筑行业的教材和规范依据。

香山帮优秀的工匠于 2010 年 5 月参展上海世博会,之后还参加了"创博会""文博会"

等多项展示活动。

关于香山帮的网络平台,目前已建立了香山工坊、苏州市香山帮营造协会等,还和苏州古建网、园林在线、中国园林资源网等开展合作,提供信息链接和资源共享,为企业提供网络信息服务。香山帮还与央视"老故事频道"、苏州科技大学、中国数字电视台等合作,创作摄制《香山工坊》《香山帮传统营造技艺》《承香堂》《苏州第一桥》《苏州工匠》等多部电视系列片。其中《香山工坊——中国传统手工艺的天堂》获得2016年行业电视节目展评纪录片类二等奖。

五、各级领导关心支持传统建筑技艺

对于香山帮传统技艺,各级领导也十分关心和支持,国务院副总理孙春兰到访视察过香山工匠学院,观看了学生实践操作;中国著名古建文物专家罗哲文先生应聘担任香山职业培训学校名誉校长;两院院士、原国家建设部副部长周干峙出席承香堂落成仪式并讲话;中国工程院院士魏敦山在香山工坊设立企业院士工作站等,领导们对于香山帮传承工作表示了极大的关注,勉励大家要搞好文化的继承和发扬工作。

结　语

本文阐述了香山帮的发展历史,叙述了"香山帮形成的原因""香山帮当代传承人物""香山帮当代园林案例"和"香山帮传承与发展"以及"各级领导关心支持传统建筑技艺",通过典型案例、典型人物的介绍和苏州市香山帮营造协会在近十年的工作实效,来概括"香山帮传统建筑营造技艺"这项非物质文化遗产项目的传承发展经历。香山帮的愿景就是致力打造中国古建园林第一品牌,把中国园林文化推广到全球。

第三届新时代苏州园林承传与创新研讨会致辞

王跃程

尊敬的各位领导,各位嘉宾:

大家上午好!

苏州最江南,园林最苏州。今天新老朋友在太湖书院再续前缘,开启"第三届新时代苏州园林承传与创新研讨会",共同为苏州建设"公园城市"新典范、打造"美丽中国"先行示范区出谋划策。在此,我谨代表江苏乾宝科技发展集团有限公司、太湖书院、太湖智库,对各位嘉宾的到来表示热烈欢迎,对长期关心支持"新时代苏州园林承传与创新研讨会"的各级政府领导、专家学者和广大同仁表示衷心感谢!

回顾2019年与2020年两届园林论坛,总体上具有四个鲜明特点:

一是聚贤重道,坚守初心使命。 苏州园林承载着江南文化的基因,代表着中国园林的高峰,具有世界非遗的价值。在全面推进中华民族伟大复兴的新时代,如何立足当代、面向未来,承传发展好苏州园林,以满足人民美好生活的新期待?如何以当代创新理论谱写新时代苏州园林高质量发展的新篇章,以崭新的姿态屹立并繁荣于当今世界?解答上述时代之问,迫切需要汇聚政产学研各界专家的智慧和力量!为此,苏州园林和绿化管理局同太湖书院共同发起、举办"新时代苏州园林承传与创新研讨会"。

二是研讨主题新,成果质量好。 两届研讨会分别围绕"工程哲学与园林古建文化""为中国而设计、为未来而设计——苏式园林思想与中式建筑设计的融合发展"等主题,展开前瞻性的理论研讨与现实性的案例分享;研讨会上形成了一批高质量的研究成果正待正式出版;多篇建言献策的报告得到了市委、市政府主要领导的批示。

三是论坛规格高,参会嘉宾广。 前两届研讨会由中国工程院工程管理学部和土木、水利与建筑工程学部担当指导单位;由联合国教科文组织亚太地区世界遗产培训与研究中心(苏州)参加承办;每届均邀请2位院士作主旨报告,中宣部原常务副部长龚心瀚到场祝贺,演讲嘉宾和参会代表涵盖政产学研多个领域;参会形式线上线下相结合,会议直播吸引了3 000多名与会者。

四是交流平台好,社会影响大。 "新时代苏州园林承传与创新研讨会",以"永久论坛"+"年度主题"方式,搭建了一个集思广益、多方交流、平等对话平台,为苏州谱写新时代园林新篇章作出了有益探索,已经得到有关部门、高校和科研院所、行业和业内同仁的高度重视,对引领园林企业发展产生了积极影响,新闻媒体纷纷报道,论坛品牌初步形成。

"公园城市"是习近平生态文明思想的重要内容,是推动人与自然和谐共生现代化的重大理论和实践创新。为助力苏州打造"美丽中国"的先行示范、"美丽江苏"的标杆城市、"公园城市"典范城市,太湖书院再次承办了本届园林会议。旨在让典雅的园林文化、精致的苏式园林、美丽的人居环境走进寻常百姓家,提高群众获得感和幸福感。

研讨期间,衷心期待各位专家学者碰撞思想火花,沟通启迪智慧,为我们带来一场精彩纷呈的理论创新盛宴。最后,预祝第三届"新时代苏州园林承传与创新研讨会"取得圆满成功!

谢谢大家!

编后记

"新时代苏州园林承传与创新研讨会"是在苏州市委、市政府的关心支持下,在苏州市园林绿化和管理局的直接指导下,由苏州太湖书院、苏州太湖智库、苏州香山法原建筑设计有限公司、联合国教科文组织亚太地区世界遗产培训与研究中心(苏州)联合打造的"太湖书院大讲堂"高端学术品牌论坛。该论坛旨在扛起使命责任,搭建古建园林领域政、产、学、研、用的思想碰撞、学术对话和技艺交流平台,汇聚全国相关领域的专家学者,以苏州古建园林文化、技艺、产业在新时代的传承与创新发展为主题,为大力推动保护传承与发展繁荣苏州园林和香山帮传统建筑营造技艺等世界文化遗产,促进中华民族伟大复兴而贡献新的智慧和力量。该论坛目前已成功举办三届,得到来自全国高校、政府、科研院所、古建园林企业等单位专家学者的一致好评。

2019年12月13日,以"工程哲学与园林古建文化"为主题的首届"新时代苏州园林承传与创新研讨会"在中国工程院工程管理学部和土木、水利与建筑工程学部的指导下,由苏州市园林和绿化管理局主办,苏州太湖书院、联合国教科文组织亚太地区世界遗产培训与研究中心(苏州)、中国建筑学会园林景观分会、中国自然辩证法研究会工程哲学专业委员会、苏州市天堂美景观绿化工程有限公司合作承办,江苏省苏科创新战略研究院文化创新与工程研究中心、江苏省自然辩证法研究会、苏州市香山帮营造协会、苏州农业职业技术学院、苏州科技大学哲学一级学科点、苏州香山工坊建设投资发展有限公司共同协办。时任苏州市人民政府副市长吴晓东、中央党校(国家行政学院)哲学部战略室主任任俊华、江苏省住房和城乡建设厅副巡视员章小刚、中国风景园林协会副理事长与江苏省风景园林学会理事长王翔到会致辞,中国工程院院士殷瑞钰,中国工程院院士何镜堂,苏州市园林和绿化管理局副局长周祺林,香山帮传统建筑营造技艺国家级代表性传承人陆耀祖、薛林根,以及苏州太湖书院理事长王跃程、山长丘亮辉,苏州香山法原设计院院长许建华等专家学者作了主题报告,来自全国各地园林古建领域的90余位专家学者参加了此次研讨会。

大约时隔一年,2020年10月17日,第二届"新时代苏州园林承传与创新研讨会"顺利举行。本次研讨会以"为中国而设计·为未来而设计——苏式园林思想与中式建筑设计的融合发展"为主题,由苏州市园林和绿化管理局主办,苏州太湖书院、苏州天堂美景观绿化有限公司、苏州香山法原建筑设计有限公司携手联合国教科文组织亚太地区世界遗产培训与研究中心(苏州)、中国建筑学会园林景观分会、中国自然辩证法研究会工程哲学专业委员会共同承办,《中国地产》杂志、江苏省苏科创新战略研究院、江苏省自然辩证法研究会、苏州香山帮营造协会、苏州农业职业技术学院、苏州科技大学哲学一级学科点以及城市建筑规划学院、苏州香山工坊建设投资发展有限公司等单位协办。中国工程院院士殷瑞钰、中国工程院院士周丰峻作主旨报告,来自故宫博物院、清华大学、同济大学、苏州大学、南京农业大学、联合国教科文组织亚太地区世界遗产培训与研究中心(苏州)、苏州太湖书院等高校和科研院所的专家学者,江苏省住房和城乡建设厅和苏州市政府有关领导,苏州市园林和绿化管理局等部门领导,苏州市香山帮营造协会、苏州市园林设计院、苏州天堂美景观绿化工程有限公司、苏州香山法原建筑设计有限公司等古建园林企业负责人,以及香山帮传统营造技艺传承人等各领域代表作了交流发言。参会代表从新思维、新理念、新技术、新材料、新工艺和新实践等多维视角,深入探讨了新时代如何立足中国、面向未来,促进苏式园林思想与中式建筑设计的融合发展,为新时代苏州园林的承传与创新提供了诸多真知灼见。中国网、中央广电总台国际在线江苏频道等多家主流媒体对研讨会进行了宣传报道。

受新冠疫情影响,第三届"新时代苏州园林承传与创新研讨会"几度延期,终于在2022年11月19日举行。本次研讨会以"美丽宜居新风尚 公园城市谱华章"为主题,由联合国教科文组织亚太地区世界遗产培训与研究中心(苏州)、江苏省风景园林协会、江苏省建筑文化研究会、苏州太湖书院、苏州太湖智库联合主办,苏州市香山法原建筑设计有限公司、苏州市天堂美景观绿化工程有限公司共同承办,苏州市香山帮营造协会、苏州科技大学、苏州农业职业技术学院协办。中国工程院张锦秋院士、苏州市人民政府施嘉泓副市长、苏州市园林和绿化管理局曹光树局长、同济大学刘滨谊教授、东南大学朱光亚教授、苏州大学曹林娣教授,以及太湖书院和太湖智库理事长王跃程、山长丘亮辉等专家学者和企业代表等80余人现场参会,人民日报客户端、新华网、《苏州日报》等主流媒体跟踪报道。

三届"新时代苏州园林承传与创新研讨会"聚贤重道,海纳百川,汇聚了多领域的专家学者关于园林承传创新发展的思想智慧,产生了诸多学术成果。在此影响下,苏州太湖智库2022年3月立项研究世界非遗香山帮传统建筑营造技艺传承发展的现状,研究报告《认清保护现状 扛起历史责任——关于香山帮营造技艺传承发展的思考》引起并获得了时任苏州市委书记曹路宝的高度重视和重点批示,该建言进一步催生了苏州市政府于2023年4月10日出台了《关于推动苏州市"香山帮"传统建筑营造技艺保护传承的实施意见》,该文件将"继续开展新时代苏州园林承传与创新研讨会"作为加强"香山帮"技艺宣传引导的一项重点任务列入其中。由此可见,"新时代苏州园林承传与创新研讨会"不仅在业内产生了广泛的社会影响,还起到了助力地方政府优化相关政策的积极作用。

编后记

上述三届研讨会先后收到各类文章近50篇，我们遴选和整理了部分篇章编成此书。所选文章涵盖三届研讨会中专家学者提交的学术论文、政府官员及企业负责人提交的工作报告或经验总结；一些富有真知灼见却没有形成系统文字的现场演讲、即兴演说，编写人员根据录音录像整理出书面文字，并请演讲者本人修改、完善。对于文章选择不作先入之见，不唯学术论文或工作报告之限，尽量从高校学者、政府官员、企业领导者、非遗承传人等不同领域、不同部门、不同行业、不同群体的不同视野、不同角度、不同风格、不同深度出发，全面展现社会各界对新时代苏州园林保护传承与创新发展研究的现状和最新进展。本书出版得到苏州市园林和绿化管理局等部门的关心与支持，并获得联合国教科文组织亚太地区世界遗产培训与研究中心（苏州）的资助，在此表示诚挚的感谢。本书编写过程时间跨度大，文章类型风格多样，编写人员虽竭尽全力，但讹误之处在所难免，真诚希冀各位专家、读者批评指正。

本书编写组

2024年3月